AF475431
L 27 n
35820

RÉPLIQUE A L'*UNIVERS*

OU

LOUIS XVII VENGÉ

DES

IMPOSTURES DE P. VEUILLOT

Par B. DAYMONAZ

DOCTEUR EN DROIT

Auteur de *Où est la Maison de France ?*

PARIS

LIBRAIRIE INTERNATIONALE

Rue Mézières, 14

—

1885

LOUIS XVII VENGÉ

Ln 27
35820

RÉPLIQUE A L'*UNIVERS*

OU

LOUIS XVII VENGÉ

DES

IMPOSTURES DE P. VEUILLOT

Par B. DAYMONAZ

DOCTEUR EN DROIT

Auteur de *Où est la Maison de France ?*

PARIS

LIBRAIRIE INTERNATIONALE

Rue Mézières, 14

1885

AU LECTEUR

Il y a dix-huit mois, lorsque nous livrions à la publicité notre premier *essai* historique sur Louis XVII, notre but, notre désir était d'appeler sur ce grand fait historique, l'attention spéciale des catholiques de France.

La mort foudroyante du comte de Chambord, l'attitude si fière et si digne de l'auguste veuve à l'occasion de l'incident des préséances aux funérailles de Goritz, l'empressement exagéré de quelques-uns à proclamer comme un fait accompli l'union du parti royaliste autour de M. le comte de Paris, le silence calculé de celui-ci, la réserve prudente d'un certain nombre, l'adhésion restrictive des autres, en un mot, la situation sans précédent où se trouvait dès le mois de septembre 1884 la France catholique et royaliste nous dicta, pour ainsi dire, elle-même les pages que nous livrions au public sur la grave question de Louis XVII.

Avons-nous fait fausse route ? Avons-nous prêché dans le désert ? — Non. — La question que nous posions dans notre brochure *Où est la Maison de France ?* existe toujours, et dans beaucoup d'esprits elle est résolue comme elle nous paraissait victorieusement résolue par les arguments principaux que nous résumions dans notre modeste travail.

Nous cherchions aussi des contradicteurs, et au lieu d'adversaires convaincus, ne voulant que la vérité, nous avons rencontré des ennemis, des conjurés qui, par les procédés les plus déloyaux, ont travaillé à nous mettre en quarantaine comme des pestiférés, et paraissent disposés à nous y tenir, tant que nous ne sacrifierons pas nos convictions à leurs préjugés.

Ils savent pourtant bien ce que nous sommes, nos ennemis de l'heure présente, ils savent ce que nous voulons: sur le point qui nous divise, il n'y a pas de moyen terme, pas de juste milieu. — Ou la question de Louis XVII existe et s'impose comme seule et unique solution des problèmes qui mettent en jeu l'avenir et le salut même de la France; ou, comme le disait, au lendemain de la mort du comte de Chambord, un publiciste dont la parole a quelquefois fait autorité, « *ou* l'*ère* de la Monarchie chrétienne est close, et la Révolution victorieuse absolument ». Puisque ce publiciste est, aujourd'hui, un de ceux qui, par l'autorité du journal l'*Univers*, proclame que la question de Louis XVII est une comédie, une jonglerie et pis que tout cela, nous lui demandons dès à présent comment il empêchera « la révolution » de demeurer « victorieuse absolument ».

Il y a quelques mois, nous avions l'honneur d'aborder la tribune dans une grande réunion privée, tenue à Lyon, le 8 février, dans la salle de l'avenue de Noailles. — Le public sait ce qui s'est passé à cette occasion; là aussi, nous cherchions des contradicteurs directs, et nous avons rencontré des *conjurés anonymes* qui s'étaient vainement flattés de nous intimider et de ranger derrière eux les 1,500 personnes qui nous ont quand même prêté leur bienveillante attention.

Que faisait à ce moment-là le journal l'*Univers?* Cela nous préoccupe fort peu ; ce qu'il y a de certain, c'est qu'il entrait en campagne quinze jours après notre conférence du 8 février sur Louis XVII. Cette campagne était-elle préméditée depuis quelque temps? a-t-elle été délibérée seulement après « la réunion de joyeuse mémoire » tenue à Lyon par les « Naundorffistes » ? — Nous n'avons pas à nous immiscer dans ce qui a pu être aussi bien le fait du hasard que le résultat d'un calcul.

Quoi qu'il en soit, nous tenons l'*Univers* comme une puissance dans la presse française, c'est pour cela que nous avons toujours cru qu'il était de notre devoir de ne rien lui laisser ignorer de ce que nous disions et faisions. Un des premiers, M. Eugène Veuillot reçut la brochure *Où est la Maison de France?* un des premiers aussi il reçut, accompagné d'une lettre qu'on lira aux premières pages de cette nouvelle publication, le discours par nous prononcé à Lyon le 8 février.

Nous avons été aussi peiné que surpris, lorsque nous vîmes le sans-façon avec lequel ce journal catholique traitait un sujet aussi grave.

Nous comptions peu sur nos propres moyens, mais beaucoup sur la puissance de la vérité, pour amener l'*Univers* à poser lui-même loyalement la question, en indiquant la seule vraie solution que, suivant nous, elle puisse recevoir, en signalant les points qui auraient pu paraître douteux aux yeux de quelques-uns, ou à réfuter péremptoirement, à coups d'arguments solides, la thèse que nous soutenons.

Au lieu de tout cela, nous avons vu un jeune écrivain, présomptueux comme un ignorant, s'évertuant à cingler nos amis de ces coups de cravache qui ne sont jamais autorisés entre gens de bonne compagnie.

Force a donc été, lorsque M. Pierre Veuillot jugea à propos de laisser son fouet, de nous recueillir quelques instants, pour décider, non pas ce que nous lui répondrions, mais comment nous lui répondrions.

Comme son vocabulaire était passablement formé de mots grossiers et de formules impolies, d'allusions outrageantes, nous avons trié çà et là quelques-unes de ses phrases pour les lui renvoyer comme encadrement des preuves que nous lui donnons de notre bonne foi d'abord, et de notre entier désintéressement, puis, et par dessus tout, de la solidité de notre thèse, mettant ainsi le jeune publiciste au défi de nous réfuter sérieusement.

Les coups pressaient: de différents points, de presque toutes les régions de la France nous arrivaient des sollicitations de relever le gant jeté insolemment à l'auguste descendance de nos rois très chrétiens : c'est ainsi que furent écrites les pages que nous offrons au public.

Nous tenons à déclarer que, seul, nous gardons la responsabilité de ce que nous écrivons. — Si nous nous sommes fait un devoir, avant de livrer au public notre réponse à l'*Univers*, de la soumettre à l'approbation de nos amis de la milice de Lyon, c'est uniquement pour obtenir d'eux un encouragement, une félicitation, si nous les méritions, ou une observation sur le ton général de notre réplique, s'il leur avait paru quelque peu acerbe. Tous ont été unanimes à nous dire que, comme discussion, ce nouvel écrit avait le mérite de mettre en pleine lumière le *fait historique* si perfidement dénaturé par l'*Univers;* tous nous ont absous des coups d'épingle que nous avons eu la *faiblesse* de donner à M. P. Veuillot en échange de ses coups de cravache ; tous nous ont loué du courage, de la fermeté, de l'indépendance avec laquelle nous avons critiqué le grand arrêt de la Cour de Paris dont M. P. Veuillot a eu la maladresse de faire la base de sa méchante et peu logique argumentation.

Nous devons au public tous ces petits détails, car si nous

ne savons pas qui se cache derrière M. P. Veuillot, nous tenons à dire que si nous sommes seul, ou presque seul, à présenter notre poitrine découverte pour essuyer seul ou presque seul le feu de l'ennemi, nous avons la consolation de sentir près de nous, au dessus de nous des sentinelles qui prient, des amis qui nous conseillent et une foule d'honnêtes gens qui nous suivent de près. Tous n'osent pas encore nous dire à haute voix: *en avant!* mais tous nous encouragent du geste et du regard, parce que tous, même avec la meilleure volonté du monde, ne sont pas en situation de pouvoir braver certaines hostilités d'autant plus à craindre qu'elles se cachent derrière le rideau, se dérobent à la discussion et se contentent de nous signaler, dans les salons et ailleurs, comme des gens dangereux ou dépourvus de ce qu'il est convenu d'appeler le *sens* ou l'*esprit* pratique.

Nous avons des *sentinelles qui prient*, c'est vrai; mais qu'on n'en conclue pas que nous avons des *sentinelles mystiques* et que nous recevons d'elles *le mot d'ordre*. — Non : le *mysticisme*, quel qu'il soit, n'entre pour rien dans notre polémique, comme il n'entre pour rien dans notre conviction.

Abusé comme tant d'autres par toutes ces prophéties modernes qui, en préconisant le comte de Chambord, en annonçant Henri V comme le grand Monarque, le Sauveur de la France, etc., ont étouffé pendant un demi-siècle la voix de l'histoire, la voix de la vérité, de la justice et du droit, nous sommes fidèle à ces voix unanimes, nous n'en écoutons pas d'autres, évitant avec scrupule de savoir si ces voix qui s'imposent par elles-mêmes et proclament la survivance du Roi-Martyr, ont un écho dans la bouche d'une voyante quelconque, s'appellerait-elle Marie Lataste ou Louise Lateau.

Nous avons des amis qui nous conseillent : quels sont-ils? C'est notre secret et nous le gardons.

Nous avons des compagnons d'armes, et au premier rang M. l'abbé H. Dupuy, directeur du journal *la Légitimité*. Il a plu à M. Pierre Veuillot de déchirer à belles dents ce prêtre que nous connaissons, que nous tenons en grande estime et vénération ; par ces attaques personnelles, M. P. Veuillot nous met à l'aise. Si parfois nous avons éprouvé une certaine satisfaction de polémiste en écrivant quelques duretés sur les reins de cet *enfant terrible* de « l'anti-naundorffisme », c'est surtout à cause du bonheur qu'il éprouvait lui-même de prendre à partie ce prêtre, l'abbé Dupuy.

Pourquoi, lorsqu'on est collaborateur de l'*Univers*, chercher à dénigrer un prêtre uniquement parce qu'il a fait un livre sur Louis XVII ? — Voilà ce que nous ne comprenons pas, ou ce que nous comprenons trop... Est-ce que, par hasard, M. Pierre Veuillot voudrait que tous les prêtres allassent s'incliner devant M. le comte de Paris ?

M. l'abbé Dupuy, jeune prêtre, est presque un vétéran de la cause de Louis XVII. Nous voulons dire qu'il en est le restaurateur depuis qu'elle avait été ensevelie sous l'arrêt *ordre-moralien* de 1874.

M. l'abbé Dupuy n'est pas un *voyant*, mais c'est un *clairvoyant*. Pendant que les royalistes banquetaient pour fêter l'*avénement* d'Henri V, l'abbé Dupuy faisait tranquillement son livre *la Survivance du Roi-Martyr*. Il disait sans prétention que, cette survivance ayant accompli le désir du Sacré Cœur, le Sacré Cœur aiderait à briser la pierre du tombeau ; et, à la fin du discours préliminaire de son livre, il adressait à M. le comte de Chambord, plus de trois ans avant sa mort, ces paroles prophétiques, bien catégoriques, vérifiées à la lettre, et que tout le monde a pu connaître : « Ainsi en « sera-t-il de vous, Monseigneur, et quand *votre roi* sera « plus connu, vous disparaîtrez. Nouveau Moïse, vous « contemplerez peut-être la Terre promise, mais vous n'y

« entrerez jamais. » (*Survivance du Roi-Martyr,* discours préliminaire, p. CXXXVII.)

Eh bien ! nous aimons les prophètes de ce calibre, nous n'aimons que ceux-là ; le flambeau de l'histoire et de la vérité à la main, ils passent par dessus les opinions et les préjugés des hommes.

L'*Univers* a visé spécialement l'abbé Dupuy : il éprouvait le besoin de mettre hors de combat cet athlète vigoureux, il n'y a pas réussi ; et nous sommes fiers de relever l'injure faite à un compagnon d'armes qui porte dignement, très dignement, la livrée de Jésus-Christ.

Dans la question de la *survivance de Louis XVII,* il n'y a pas seulement un *fait,* il y a un *principe* d'ordre social et politique. Il y a un principe régénérateur qui ne peut demeurer intact et devenir fécond, qu'en s'appuyant sur la doctrine catholique pour combattre les principes ou plutôt les erreurs modernes si solennellement réprouvées et condamnées par le *Syllabus.*

C'est la parfaite conception, la pleine intelligence de ce principe ainsi sauvegardé qui ont dicté au prince Louis-Charles de Bourbon les manifestes que l'on connaît, et dans lesquels il a plu à M. P. Veuillot de ne voir qu'une copie des manifestes du Comte de Chambord.

La vérité ne copie jamais personne; si elle se répète quelquefois, c'est pour s'affirmer toujours à travers les contradictions, c'est pour apprendre aux hommes, quels qu'ils soient, qu'elle ne s'accommode pas aux circonstances de temps et de *personnes;* c'est pour leur dire que si, aux yeux des habiles et des sages, *savoir se taire est le plus simple des calculs,* aux yeux des gens honnêtes, savoir s'affirmer est la plus courageuse des revendications.

La contre-révolution a donc son programme tout tracé dans les manifestes du prince Louis-Charles de Bourbon, nul n'ose le contester, de même que personne en France et en Europe ne saurait et ne pourrait tenir le langage de ce Fils aîné de l'Eglise.

Il nous a été donné de pouvoir sonder le fond de ce cœur aussi profondément chrétien, que véritablement français; nous connaissons les pensées intimes du prince méconnu des puissants; nous ne craignons pas d'affirmer, en face de l'Europe, que sa loyauté, sa franchise, sa sincérité dans les actes qui peuvent subir le sévère contrôle des appréciations humaines, sont au dessus de toute atteinte. Nous souhaitons une chose, c'est que tous, à l'heure présente, comprennent aussi bien que lui *le devoir,* c'est que tous sachent et veuillent comme lui l'accomplir.

Ayant, depuis plus d'un an, constaté l'intégrité de caractère de ce noble et vaillant Bourbon, nous nous sommes fait un devoir de nous mettre en travers de ce torrent furieux que le journal l'*Univers* a laissé déborder dans ses colonnes. D'une main ferme et énergique, nous avons retiré tout ce que M. Pierre Veuillot a jeté au fond du torrent pour le dérober aux yeux, et nous avons nettoyé ce qu'il s'était contenté de salir.

Si cela ne représente rien, l'*Univers* nous le dira : si avec cela nous avons reconstitué *des titres de famille,* le journal l'*Univers* aurait tort de nous en vouloir, car *ces titres de famille* appartiennent à la Maison de France, ils appartiennent à la France.

2 juillet 1885.

A M. PIERRE VEUILLOT

RÉDACTEUR DE L'*UNIVERS*

Il est donc terminé, votre fulminant réquisitoire... « L'imposture des Naundorff » dénoncée par vous *Urbi et Orbi,* va s'imposer désormais, vous n'en doutez pas, comme un dogme historique. Crucifié entre l'arrêt de la Cour d'appel de Paris et la lettre de Le Chartier à M. Pierre Veuillot, le « Naundorffisme » n'expirera pas, comme le *juste,* entre deux scélérats : c'est au contraire le *scélérat* qui va expirer entre ces *deux justes ;* et l'exécuteur *des hautes œuvres* de cette mesure de *salut public,* c'est un Veuillot...

Oui, Monsieur, vous avez voulu vous faire le bourreau de ce que vous appelez « le Naundorffisme, » et, en ce faisant, vous auriez tout simplement pu devenir le bourreau de la Monarchie Très Chrétienne, si les « Centuriateurs », quelle que soit leur importance ou leur honnêteté d'ailleurs, n'étaient eux-mêmes cloués sur un gibet à part, portant cette inscription : « Imposture, hypocrisie. »

Au début de votre réquisitoire, Monsieur, vous disiez à vos lecteurs : « Les œuvres des champions de Naundorff nous seront « pareillement d'un secours précieux : ces admirables écrits, en « effet, se réfutent avec un très grand bonheur par eux-mêmes. » (*Univers,* 22 février.)

Eh bien ! qu'en avez-vous fait, de ces écrits ? Vous les avez tous entre les mains. Je sais de source certaine qu'on vous a adressé de Lyon l'*Appel à la conscience publique* par G. de la Barre, la *Plaidoirie* de Jules Favre, *Un crime politique, Lettres sur le présent et l'avenir de la France,* etc. Prouvez-nous, s'il vous plaît, que « ces admirables écrits se réfutent avec un très « grand bonheur par eux-mêmes !! »

Il vous a plu de badiner sur « la réunion de joyeuse mémoire « qu'ont tenue à Lyon les partisans des Naundorff » (*Univers,* id.) : jusqu'à un certain point cela s'explique, vous n'étiez pas à cette réunion, et vous avez cru aux *racontars* d'un correspondant badin comme vous. Au sujet de cette réunion, j'ai adressé à M. Eugène Veuillot, en même temps que le texte imprimé de mon discours du 8 février, une lettre à la date du 5 mars, soit plus d'un mois avant la publication de votre article du 12 avril, où vous dites qu' « à celui qui interroge en termes convenables, on peut répondre, » et où vous signalez « ce merle blanc (*rara* « *avis*), c'est-à-dire un naundorffiste poli et sachant l'ortho- « graphe. » — Il paraît que je ne suis pas poli et que je ne connais pas plus l'orthographe que la politesse, puisque, malgré le *post-scriptum* de ma lettre qui demandait une réponse (elle contenait le timbre d'affranchissement), je n'ai pas plus été honoré d'une réponse publique que privée. — Cette lettre, que des appréciateurs ont jugée polie, et que je crois conforme aux règles ordinaires de la grammaire, est aujourd'hui une accusation contre votre loyauté ; c'est pour cela que je la livre au public : on aura ainsi une première mesure de la bonne foi, de la courtoisie avec laquelle vous agissez envers ceux que vous appelez « les écrivains à gage du Juif prussien ».

A Monsieur Eugène Veuillot.

« Monsieur,

« Je me fais un devoir de vous adresser le discours sur Louis « XVII que j'ai prononcé à Lyon, dans la réunion privée du « 8 février dernier. Ce discours fait voir ce que pensent, ce que « veulent ceux que, par dérision ou de bonne foi, on appelle « *Naundorffistes*. Je le livre à votre appréciation et à celle de « vos collaborateurs. Si vous daignez parcourir ces modestes « pages, que l'amour de la vérité et mon dévouement pour une « cause que je crois sainte, m'ont inspirées, vous voudrez bien « traduire ou faire traduire dans votre journal l'impression « qu'elles vous auront laissée. — Je traite à un point de vue « particulier l'objection tirée de l'*arrêt par défaut* de la Cour « d'appel de Paris. J'appelle l'attention sur ce qui s'est passé « entre les chancelleries de Londres, de Berlin et de Hollande « à l'occasion des démarches faites par Me Van Buren de « Rotterdam lors de l'arrivée du duc de Normandie en Hollande. « Je mets en relief la fausseté et la contradiction des déclara- « tions de Lasne et de Gomin. Je fais ressortir la fausseté et la « nullité de l'acte de décès du 24 prairial an III, et je conclus.

« Permettez-moi de vous déclarer que nous, partisans de « Louis XVII, nous ne sommes ni fous, ni dupes, ni complices ; « nous sommes sincères parce que nous sommes convaincus, « nous sommes convaincus parce que nous avons étudié. Je « connais personnellement les membres de l'infortunée famille, « beaucoup de nos amis les connaissent : tous nous déclarons « et certifions, en notre âme et conscience, qu'ils ne méritent « aucune des injures, aucun des outrages qui leur sont prodi- « gués.

« Ces attaques personnelles ne font qu'accroître notre dévoue- « ment bien désintéressé.

« Que n'a-t-on pas dit et écrit contre Louis Veuillot, parce « qu'il était l'infatigable champion de la vérité ? — Souvent, « en lisant certains articles de journaux, je pense aux luttes de « l'incomparable Louis Veuillot : nous sommes heureux d'avoir « avec lui ce point de ressemblance.

« Daignez agréer, etc.

DAYMONAZ,
avocat.

« Lyon, 5 mars 1885, hôtel des Beaux-Arts. »

Cette lettre n'est pas la seule correcte (au point de vue de la politesse et de la grammaire) que je puisse vous citer. J'ai eu l'honneur d'en laisser une autre, dans les bureaux de l'*Univers*, adressée à M. Eugène Veuillot, à la date du 10 février 1884. Elle émanait d'un ecclésiastique très recommandable qui m'avait autorisé à en prendre copie en me chargeant de la remettre à M. E. Veuillot.

Voici les principaux passages de cette lettre :

« St-M....., 10 février 1884.

« Monsieur,

« Je vous remercie de la bonne pensée que vous avez eue de « publier le manifeste du prince Louis-Charles de Bourbon, « manifeste que j'ai cru utile de vous communiquer.

« Les trois pièces ci-incluses vous feront réfléchir et vous « convaincront peut-être de l'inanité des prétentions orléanistes. « Je possède les autographes de ces trois pièces et je les tiens à « votre disposition. Les copies que je vous envoie sont entière- « ment conformes à l'original.....

« ..... Pourquoi donc faire silence sur cette cause ? Qu'es- « père-t-on ? Les Bourbons d'Espagne ou d'Italie sont indiffé- « rents ou muets ; ils ne prennent aucun intérêt à la France

« qu'il ne connaissent pas, malgré leur titre de primogéniture « incontestable. Quant aux d'Orléans, c'est bien autre chose! « C'est une famille flétrie, une famille *régicide,* dont le chef « n'était aux yeux du comte de Maistre qu'un *misérable supplicié.* « Qu'attend-on de cette famille ? Courbée elle-même sous le « poids de la justice divine, une tache de sang au front, pourra- » t-elle s'élever jusqu'à la France, jusqu'à Rome, jusqu'à Dieu? « Non, mille fois non, si j'en crois les arrêts de la conscience « humaine. Pourquoi donc, je le répète, faire le silence sur la « question de Louis XVII ? Là est le salut pour tout esprit « croyant et impartial. — Mais vous me direz: Et l'identité? « Comment s'en assurer définitivement? — Ici permettez-moi « trois questions :

« 1° Les témoins de l'identité invoqués par Naundorff, ont-ils « reconnu dans ce prétendant, le fils de Louis XVI, Louis XVII « lui-même ? Oui, et je le prouve par la seule pièce ci-jointe, « pièce *irrécusable.* L'authenticité des autres témoignages est « établie par les deux plaidoiries contradictoires de J. Favre et « de Me Benoist, avocat général en 1874.

« 2° Les dits témoins étaient-ils compétents ? Assurément, « car qui l'aurait été plus qu'eux-mêmes? Mme de Rambaud « avait élevé le prince de son berceau à la tour du Temple. « M. et Mme de Saint-Hilaire l'avaient connu et vu cent fois « tout enfant: de même M. de Joly, ministre de Louis XVI, et « les autres.

« Ils avaient donc toutes les qualités requises pour juger, et « leur jugement devait faire autorité.

« 3° Pouvaient-ils se tromper? Non, car ils connaissaient trop « le Prince pour cela. Louis XVII portait sur son corps des « signes ineffaçables, inimitables, personnels absolument; « signes connus de sa nourrice, de sa mère et de toute la cour. « Mme de Rambaud ne pouvait être trompée quand bien même « tout le monde l'eût été.

« J'apporte le témoignage officiel de la dite dame; donc Naun- « dorff était bien ce qu'il disait être : le fils de Louis XVI, « Louis XVII en personne!

« Contre cette vérité démontrée, on accumule des montagnes « d'objections en apparence insolubles et formidables ; mais « qu'est-ce que cela fait à la cause en elle-même? Est-elle moins « vraie, moins certaine? N'est-ce pas un principe admis par « tous les docteurs et philosophes dignes de ce nom, qu'une fois « la vérité démontrée, les objections ne signifient plus rien? Où « en serait la religion elle-même si on refusait de lui appliquer « ce principe fondamental? Pourquoi donc faire une exception « dans la question de Louis XVII?

« On parle de la Duchesse d'Angoulême et on s'étonne de son « silence, mais on oublie qu'elle a refusé vingt fois de recevoir « son frère, donc elle n'a pas eu à le reconnaître. Etait-ce « mépris de l'imposture? Non, car il est certain qu'elle doutait « au moins de l'évasion, et qu'elle chercha à voir Richemont « sans qu'il s'en aperçût. De plus, elle était inquiète, agitée, « troublée devant les revendications de Naundorff. La nature « parlait malgré tout; ce qui n'aurait pas eu lieu en face d'une « supercherie quelconque. Etait-ce insensibilité? On ne peut « le supposer chez une princesse si pieuse et ornée de tant de « vertus. Etait-ce raison d'Etat? Je réponds oui sans hésiter ; « autrement la Duchesse n'aurait pas fui son frère dans la « crainte d'être obligée de le reconnaître. Elle n'aurait pas « repoussé la visite de Mme de Rambaud qu'elle savait absolu- « ment compétente dans la question ; elle n'aurait pas fait chas- « ser cette dame de Prague par la police autrichienne afin de se « délivrer de ses instances compromettantes et dangereuses aux « yeux de la politique; elle n'aurait pas confié au vicomte « S. de la Rochefoucauld la mission de surveiller de près le pré- « tendant à Paris; mais elle aurait reçu ce prétendant, et l'aurait « reconnu ou confondu. Ajoutez à cette raison d'Etat qui étouffait « le cœur de la princesse, certains doutes dont elle aimait à se « nourrir pour calmer sa conscience, et une grande honte de « voir son frère en cet état ; ajoutez encore les conseils de cer- « tains prélats égarés par la raison d'Etat et leur dévouement à « la branche d'Artois, et en voilà plus qu'il n'en faut pour « expliquer le silence de Mme la Duchesse d'Angoulême.

« . . . .

« Enfin on dit : Si le Dauphin s'était évadé du Temple, les « émigrés l'auraient su ; les princes, touchés de cet événement « et toujours fidèles, se seraient rangés immédiatement autour « du jeune roi. Objection puérile ! prodigieuse et lamentable « erreur ! Jugez-en par ce témoignage inédit dans la cause, et « presque inconnu : *Déjà l'on commence à faire courir le bruit « que le petit roi Louis XVII n'est point mort. Nouvel embarras, « si ce bruit,* VRAI OU FAUX, *prenait un peu de consistance;* il n'y « en a encore aucune, mais cela *n'est pas impossible*... (Lettre « du duc de Bourbon au prince de Condé, 16 décembre 1799 « — *Histoire des trois derniers princes de Condé* par Crétineau Joly, tome 2e, p. 286.)

« Qu'en dites-vous, Monsieur ? NOUVEL EMBARRAS, *si ce « bruit vrai ou faux, prenait un peu de consistance !* Voilà quel « était le dévouement des princes et des royalistes à l'égard du « petit Dauphin. La simple supposition de son évasion, au lieu « de les enflammer de fidélité, les jetait dans l'embarras.

« On préférait un roi adulte, un roi actif, riche et puissant, « et qui pût récompenser ses amis; on méprisait, on délaissait le « roi enfant ou inconnu, impuissant et mort civilement. Qu'on « ne dise pas : C'est parce qu'on ne *croyait* pas à l'évasion, car « le prince de Condé ne fait aucune distinction : *Nouvel embarras « si ce bruit,* VRAI OU FAUX, *prenait un peu de consistance.* Ces « paroles, très significatives, expliquent bien des choses et résol- « vent une des plus redoutables objections, à savoir : le silence « des princes, des émigrés, etc., et leur dévouement absolu dans « l'hypothèse de l'évasion.

« Si tels étaient les sentiments des princes de Condé, roya- « listes fidèles, quels devaient être ceux des princes plus rappro- « chés du trône, moins désintéressés par conséquent dans la « question ? Quels devaient être les sentiments du prétendu roi « légitime Louis XVIII ? Réfléchissez, Monsieur, et voyez s'il « convient de fermer les yeux à la lumière que Dieu répand, pro- « digue de toutes parts depuis la mort de l'incomparable « Comte de Chambord.

« Assez longtemps les écrivains et les journalistes ont fait la « guerre à la vérité ; qu'ils lui rendent hommage maintenant « que l'expiation est finie, et que l'heure de Dieu a sonné ! les « voiles se déchirent, et tout annonce la clôture de la captivité « de Babylone.

« Si vous me demandez pourquoi je vous poursuis de mes « instances et de mes arguments, je vous répondrai : C'est parce « que j'estime et j'aime l'*Univers,* cet inexpugnable rempart de « la religion catholique en France ; c'est parce que je le voudrais « au service de la légitimité pure, comme nous l'avons tous « admiré au service de la papauté !

« Votre frère est mort au champ d'honneur, après d'immor- « tels exploits, dont nous, prêtres, nous goûtons chaque jour « les fruits. Faites de même, Monsieur, pour la royauté salique, « fille aînée de l'Eglise, et la même gloire vous attend.

« Votre bien respectueux et tout dévoué serviteur dans le « cœur du bon Maître,

« L...,

« *Curé de X... abonné de* l'Univers. »

Pourquoi les pièces dont le signataire de cette lettre donnait copie en tenant les autographes à la disposition de l'*Univers,* ne figurent-elle pas dans vos colonnes ? pourquoi ne réfutez-vous pas les arguments présentés (en langage poli et correct, je crois), par l'honorable ecclésiastique votre correspondant et abonné ? Cela eût été plus utile que toutes vos digressions sur les faux dauphins Hervagault, Richemont, qui, somme toute, n'ont rien à faire dans la question dont il s'agit.

Quand on prend à partie les champions d'une *cause,* d'un *système,* d'une *théorie,* d'un *fait historique* quelconque, il faut être avant tout courageux, c'est-à-dire regarder son adversaire en face ; il faut ensuite ne pas manquer aux lois du combat. Le duel lui-même a ses règles ; votre oncle Louis Veuillot les a connues, ces règles, il les a respectées... et c'est aussi parce qu'il ne manquait pas aux lois du combat, qu'il est devenu un si vigoureux champion de la vérité lorsqu'il n'eut plus d'autre duel que celui de la plume.

Or, vous avez manqué à toutes ces règles maintes fois : vous n'avez ni relevé ni paré les coups en riposte qui vous étaient portés par le journal *la Légitimité*. Pour y répondre vous avez besoin de reprendre haleine : cependant le véritable adversaire au fort de la lutte, c'était celui-là (1).

Vous n'aviez pas encore usé le tiers de vos faibles cartouches, que déjà vous disiez triomphalement, le 15 mars : « Que reste-« t-il des objections soulevées par ceux qui croient et ceux qui « *feignent de croire* (!!) à la survivance du Dauphin ? » A quoi *la Légitimité,* s'adressant à vous, répond, après une discussion loyale : « Que reste-t-il, dites-vous ? Il reste tout. Mais ce qui « a disparu, c'est votre réputation d'honnête homme. » (V. *Légitimité,* 22 mars.)

Je vous adresse cette lettre parce que celle, ci-dessus, que j'ai eu l'honneur d'adresser à M. E. Veuillot est restée sans réponse. La première formera le cadre de la discussion que j'engage publiquement avec vous dans celle-ci : si j'élargis un peu ce cadre, vous l'aurez voulu. Dédaigner les princes d'Anjou, mépriser le rejeton direct de la branche aînée des Bourbons en le qualifiant de « Juif prussien », cela s'appelle aussi glorifier l'*orléanisme en chair et en os :* nous vous laissons cet honneur peu périlleux, jaloux que nous sommes de démasquer toutes les « impostures », de mettre à nu toutes les « hypocrisies » en dénonçant le « Naundorffisme » comme une fiction politique, en dévoilant l'orléanisme tel qu'il est, en proclamant la survivance du Roi-Martyr comme un fait écrasant.

Votre premier argument est tiré de l'arrêt de la Cour d'appel de Paris du 28 février 1874. « En ce temps-là, dites-vous, notre magistrature n'avait pas encore été réformée, épurée ; on ne

(1) Ces lignes étaient écrites lorsque M. P. Veuillot fit semblant, dans un article publié au courant de juin, de répondre aux articles de la *Légitimité :* cette réponse n'en est une aux yeux de personne.

parlait même point de la livrer à cette *vindicative opération*... (1). » — Je ne veux pas répéter, à ce sujet, ce que j'ai développé aux pages 18, 19 et suivantes de ma conférence du 8 février dernier à Lyon : seulement, ayant le droit de supposer que vous avez lu ma brochure *Où est la Maison de France,* puisque vous la mentionnez dans votre nº du 30 avril, je vous prie de dire ou de faire dire à vos lecteurs, par le jurisconsulte le plus *anti-naundorffiste* que vous pourrez trouver, en quoi la manifestation de la *vérité* aurait pu être entravée, en quoi ou envers qui la magistrature de la Cour de Paris (en 1874) aurait pu se montrer complaisante ou servile, en autorisant, par une enquête judiciaire (faite aux frais des demandeurs au procès), la preuve des 68 faits soutenus et développés par Jules Favre. Ces 68 faits, que vous connaissez, avez-vous pu les lire sans vous dire intérieurement : *Si j'avais un procès de cette nature et que je rencontrasse de pareils juges, je les maudirais..., si j'étais au pouvoir,* ou *si j'étais le pouvoir... je les épurerais...* — La véritable « vindicative opération » dont on ne parlait même point « en ce temps-là », c'est le refus d'enquête : « l'épuration qui s'en est suivie, n'a été qu'une des conséquences de cette « vindicative opération », car la raison d'Etat n'est jamais autre chose « qu'une opération vindicative », et tous vos articles portant le cachet de la raison d'Etat, ne sont, en somme, que de vindicatives opérations.

Reprenons l'arrêt : « Ce seul document que nous venons de « citer, dites-vous, suffit à confondre à jamais les Naundorff, et « nous pourrions en rester là ! » — Pourquoi ne pas en rester là? — Le *Nouvelliste de Lyon* s'était contenté de l'arrêt; et il n'a fallu rien moins que l'*incident Le Chartier* pour lui faire brûler une dernière amorce. — L'arrêt ne vous paraissait donc pas suffisant : vous avez voulu renchérir sur « le magistrat qui a rendu « cet arrêt solennel, écrasant, impitoyable, qui devait être « absolument sûr de connaître à fond la vérité pour tenir un tel « langage que rien, rien ne l'obligeait à tenir, s'il eût conservé

(1) Quoi d'étonnant ! !.. « En ce temps-là... » c'était l'*Ordre moral*... qui, hélas !! a passé comme un rêve, pour ne plus revenir.

« dans son cœur la moindre velléité de doute! » (*Univers,* 22 février.)

Qu'est-ce donc qui vous a poussé à broder les plus discordantes variations sur un thème tiré de l'arrêt du 28 février 1874? — Ou je m'y perds, ou ce travail n'a été de votre part « qu'une vindi-« cative opération ». Nul plus que moi ne respecte les décisions de la justice : ce respect tient aux vertus traditionnelles du barreau français, auquel j'ai l'honneur d'appartenir; mais j'admets que des magistrats même non « épurés » peuvent se tromper... et dans le cas présent j'affirme que les magistrats de la Cour d'appel de Paris de 1874 n'ont pas fait tout ce que la loi les autorisait à faire pour obtenir la manifestation de la vérité; j'affirme qu'ils sont restés en deçà, et qu'ils ne sont pas allés jusqu'où ils pouvaient aller, et je l'ai prouvé déjà en signalant ci-dessus le refus d'enquête — je le prouve surabondamment en vous rappelant que ce célèbre arrêt du 28 février 1874 a provoqué un défi qui n'a jamais été relevé et qui ne le sera jamais.

Vous avez entre les mains l'*Appel à la conscience publique,* par Gruau de la Barre, ancien procureur du Roi; vous pouvez y lire ces lignes aux pages I-IV de l'Introduction : « Un acte « révoltant d'iniquité judiciaire m'a replacé sur le terrain du « combat pour répondre à un arrêt d'audience solennelle... Je « dénonce donc tant de forfaitures politiques et judiciaires à « l'opinion publique, tribunal en dernier ressort... Je lui « dénonce l'arrêt de la Cour de Paris qui, par un acte arbi-« traire, inouï, contre la raison, la loi et l'équité, a repoussé les « justes réclamations des Bourbons de la branche aînée plaidant « contre l'intimé défaillant. »

Ou les lois sur la presse ne signifient plus rien, ou, dans les lignes que je viens de citer, il y a un délit de diffamation envers un corps constitué, délit prévu tant par la loi abrogée du 17 mai 1819 que par celle du 29 juillet 1881. — D'où vient que les magistrats diffamés n'ont pas rendu plainte contre un ancien magistrat dénonçant à l'opinion publique « un acte révoltant « d'iniquité judiciaire »? D'où vient qu'ils sont demeurés muets sous le verdict d'un de leurs anciens confrères? — Vous ne l'ignorez pas, sans doute ; c'est parce qu'il y a dans les lois sur la presse (tant anciennes que récentes) un article spécial qui, dans les cas de cette nature, autorise à rapporter la preuve, à établir la vérité du fait diffamatoire... et, cette preuve une fois rapportée, le délit disparaît...

Or, cette preuve, Gruau de la Barre la rapporte à tous les chapitres de ces deux volumes (*Appel à la conscience publique* (1) que vous avez entre les mains et dont vous ne soufflez mot dans vos articles, vous contentant de dire gravement que Gruau, devenu, « par la grâce de Naundorff, comte de la Barre, las de « jouer les seconds rôles, se révéla sur la fin de ses jours comme « étant le vrai, le seul fils de Louis XVI. » (*Univers,* 19 avril.)

— Et vous prétendez être un homme sérieux !...

Aux pages 28 et suivantes de ma conférence du 8 février, discutant la non-valeur des dépositions et déclarations de Lasne et de Gomin, je demande où est l'avocat français qui aurait pu, répliquant à Jules Favre, prendre, devant la justice civile, le parti de ces deux parjures... — je puis faire ici une réflexion analogue, et demander : Où est le ministère public qui aurait pu soutenir devant un jury que Gruau de la Barre diffamait les magistrats composant en 1874 la Cour de Paris, en dénonçant « tant de forfaitures politiques et judiciaires à l'opinion publique... » Ce ministère public est introuvable, car toujours on lui aurait rapporté la preuve du fait diffamatoire, partout il aurait rencontré un jury, c'est-à-dire des citoyens soucieux de leur nom, de leur identité, de leur honneur, de leurs biens, qui n'auraient jamais consenti à sanctionner l'arrêt de la Cour de Paris par un verdict de culpabilité contre Gruau de la Barre. Vous devez savoir que tous les justiciables honnêtes ont et doivent avoir en horreur un juge, des juges qui ont peur de faire trop de lumière dans les procès.

Vous n'avez donc pas suffisamment creusé la question en ce qui concerne votre argument capital tiré d'un arrêt rendu par

(1) Ouvrage publié en 1880. — Gruau de la Barre était alors âgé de 85 ans.

une magistrature non « épurée ». Et si l'on n'avait « épuré » que des magistrats de l'*indépendance* de ceux que Gruau de la Barre a dénoncés dans son *Appel à la conscience publique,* où serait le mal ? Et les justiciables, princes ou prolétaires, cléricaux ou libres-penseurs, qu'auraient-ils perdu à cette « épuration » ?

Croyez-vous, êtes-vous bien sûr que si l'enquête sollicitée eût été ordonnée, la force des événements aurait amené la vindicative opération, l'épuration que vous déplorez, et que je déplore autant que vous ?

Vous avez donc trop insisté sur ce fameux arrêt. Jamais jusqu'ici les partisans de la mort du Dauphin au Temple ne l'avaient pris en si sérieuse considération : le *Nouvelliste de Lyon* seul en avait fait son argument unique contre nous, mais sans commentaire.

Vous soupçonniez peut-être que tout pouvait être critiqué dans cet arrêt, aussi avez-vous pris vos précautions en disant : « Ce que nous tenons surtout à faire ressortir, c'est ce qui suit : « tandis que les demandeurs avaient accumulé à loisir toutes les « ressources dont ils pouvaient disposer, tandis qu'ils avaient « choisi Me Jules Favre, c'est-à-dire un avocat passé maître dans « l'art de colorer d'une certaine vraisemblance les contes les « plus insensés, tandis, enfin, qu'ils avaient pris tous leurs avan- « tages, le défendeur, Monsieur le Comte de Chambord, fai- « sait défaut. Point d'avocat, pas d'avoué, personne qui le « représentât devant la Cour. Or, ceci est une règle qui souffre « très peu d'exceptions : lorsque le défendeur, pour un motif ou « pour un autre, se dérobe, le demandeur gagne son procès... » « (*Univers,* 22 février.)

Bravo, Monsieur P. Veuillot. Aux pages 27 à 31 de ma conférence du 8 février, je donne l'explication vraie de l'abstention *forcée* de tout débat contradictoire ; vous n'y avez pas pris garde, à cette explication, ou bien elle ne vous a pas satisfait, car elle ne vous a pas amené à revenir sur votre appréciation première : je le regrette, car vous m'obligez à vous donner aujourd'hui une explication d'un autre genre, tout aussi vraie que la première, mais que j'aurais aimé pouvoir passer sous silence, vous en comprendrez la raison.

« Lorsque le défendeur, pour un motif ou pour un autre, se « dérobe, le demandeur gagne son procès, » dites-vous. C'est « vrai, mais à la condition que, conformément aux prescriptions « du Code de procédure civile, « les conclusions du demandeur « se trouvent justes et bien vérifiées. »

Vous n'êtes pas magistrat, vous êtes peut-être licencié en droit, certainement vous êtes publiciste ; vous saisissez donc parfaitement le sens, la signification, la portée du texte de loi que je viens de placer sous vos yeux. Vous avez lu la plaidoirie de Jules Favre, vous connaissez donc « les conclusions du « demandeur ». Vous paraissent-elles justes et bien vérifiées ? C'est la question à laquelle il faut répondre *oui* ou *non*. Si vous dites *oui*, nous sommes d'accord, et vous devez conclure que la Cour a mal jugé, et que G. de la Barre et les autres ont raison ; si vous dites *non*, il faut établir votre négative ; si vous ne dites rien, je réponds pour vous, et je vous prouve, *pièces à l'appui*, que « les conclusions étaient justes et bien vérifiées. »

En effet, ce procès, comme tous les procès en revendication ou réclamation d'état, ne pouvait porter que sur des vérifications de pièces, sur des appréciations de témoignages et de titres produits, sur la valeur juridique des *faits soutenus*.

Plus de quatre-vingt-dix pièces ont été versées au procès (vous pouvez vous en assurer en relisant la plaidoirie de Jules Favre), je suppose avec raison que vous n'allez pas les classer en bloc parmi « les contes les plus insensés » que Mᵉ J. Favre serait parvenu à « colorer d'une certaine vraisemblance... » — Ces pièces sont ce qu'elles sont ; elles font partie intégrante du procès ; elles appartiennent à l'histoire, et l'histoire doit les enregistrer comme authentiques, car elles n'ont été déniées ou révoquées en doute par aucun de ceux à qui on les attribue et de qui elles émanent, elles n'ont été déniées ou révoquées en doute par aucun de ceux qui avaient intérêt à le faire. Depuis le procès, ces pièces ont une valeur historique, une force probante bien plus considérable, car, soumises au contrôle sévère et plus que scrupuleux de l'avocat général Benoist, occupant le siége du ministère public, elles ont pu provoquer de sa part plus d'une ironie calculée dans ses conclusions, mais c'est tout ; soumises à l'examen, à l'appréciation des juges, aucune d'elles n'a pu être arguée de fausseté ou notée comme apocryphe : elles sont donc sorties de ce creuset avec une force nouvelle.

Je dois faire une exception pour les trois lettres de Laurent ou attribuées à Laurent. Ces trois lettres, relatives à l'évasion, embarrassaient fort le Ministère public et la Cour, il fallait les anéantir ; on s'en tire en « considérant que la fraude est ici « manifeste, » en « *considérant, ces lettres rejetées, et en exa-* « *minant l'offre générale de preuve, que, sauf un ouï-dire fort* « *suspect... rien, dans la preuve offerte, ne touche au fait précis* « *de l'évasion ; qu'une preuve directe et absolument convaincante,* « *qui ruine tout ce récit d'évasion, résulte des témoignages de* « *Gomin et de Lasne* recueillis judiciairement en 1834, 1837 et « 1840. »

« Retenons que Jules Favre disait (plaidoirie, p. 222) : *Ces* « *lettres* (de Laurent) ne sont pas signées, nous n'avons pas les « originaux. Nous produisons trois copies d'une écriture an- « cienne, écrites sur un papier également ancien... » Elles étaient produites comme un accessoire au procès : la Cour en fait la pièce fondamentale du récit d'évasion, comprenant la difficulté qu'il y aurait de discuter dans son arrêt la valeur des autres pièces.

Voyons si les autres pièces constatant ou laissant au moins présumer l'évasion, ne peuvent être considérées que comme « *un ouï-dire* fort suspect » s'évanouissant, disparaissant totalement devant les déclarations contradictoires de Gomin et de Lasne.

1° Le procès-verbal de la visite des conventionnels Harmand (de la Meuse), Mathieu et Reverchon. Nous extrayons ce qui suit de la plaidoirie de J. Favre (p. 214 à 218) :

« Un procès-verbal de cette visite a été dressé par les commissaires Harmand de la Meuse, Mathieu et Reverchon.

« Dans ce document, deux faits considérables sont attestés :

le premier, que l'enfant présenté aux commissaires n'a pas répondu une parole à leurs questions ; le second, que cet enfant était mal conformé, rachitique et paraissait souffrir d'une affection scrofuleuse ancienne.

« Ces constatations confirment le récit présenté plus tard par le duc de Normandie, sur la foi de ceux qui les lui ont racontées.

« A son entrée dans cette prison, l'enfant royal *était bien portant*. C'est la femme Simon qui en dépose, *ce ne peut donc être lui* dont les conventionnels ont donné le signalement dans leur procès-verbal.

« Cette pièce est fort longue... je ne vous la lirai pas en entier, je veux abréger... mais j'y dois emprunter certaines constatations décisives après lesquelles, suivant moi, il n'y a plus de contestations possibles sur ce fait que les commissaires de la Convention, délégués par le Comité de sûreté générale, ont été mis en présence d'un enfant muet qui ne pouvait être Louis XVII :

« Nos mouvements ne semblaient faire aucune impression « sur lui. Je lui dis que *le gouvernement, instruit trop tard du « mauvais état de sa santé,* et du refus qu'il faisait de prendre de « l'exercice et de répondre aux questions qu'on lui adressait, « *nous avait envoyés près de lui pour lui renouveler* nous-mêmes « des propositions qui pourraient lui être agréables, telles que « d'étendre ses promenades et de lui procurer des objets de « distraction. Je le priai de vouloir bien me répondre si cela lui « convenait.

« *Pendant que je lui adressais cette petite harangue,* il me « regardait fixement, *sans changer de position, et il m'écoutait « avec l'apparence de la plus grande attention, mais pas un mot « de réponse.*

« Alors, je particularisai mes propositions de cette manière : « J'ai l'honneur de vous demander, Monsieur, si vous désirez « un cheval, un chien, des oiseaux, des joujoux, un ou plusieurs « compagnons de votre âge? Voulez-vous, dans ce moment, « descendre dans le jardin ou monter dans les tours? Désirez- « vous des bonbons, des gâteaux?

« *J'épuisai en vain toute la nomenclature des choses qu'on peut « désirer à cet âge;* je n'en reçus pas un mot de réponse; pas « même un signe ou un geste, *quoiqu'il eût la tête tournée vers « moi et qu'il me regardât avec une* fixité étonnante, *qui expri- « mait la plus grande indifférence.*

« Alors, je me permis de prendre un ton plus prononcé. Je lui « reprochai son opiniâtreté, en l'engageant derechef à nous « indiquer ce qui lui serait agréable... *Même regard fixe,* même « attention, mais pas un seul mot.

« Je repris : Vous voulez donc nous compromettre? Quelle « réponse pourrons-nous faire au gouvernement, dont nous ne « sommes que les organes? — Ayez la bonté de me répondre, « je vous en supplie, ou bien nous finirons par vous l'ordonner. « — Pas un mot, et *toujours la même fixité.*

« J'étais au désespoir, et mes collègues aussi. Ce regard sur- « tout avait un tel caractère de résignation et d'indifférence « qu'il semblait nous dire : *Que m'importe? Achevez votre « victime!*

« J'essayai alors l'effet du commandement, et *me plaçant tout « près* du Prince, je lui dis : *Monsieur, ayez la complaisance de « me donner la main.* Il me la présenta, et je sentis, en prolon- « geant mon mouvement jusque sous l'aisselle, une tumeur au « poignet et une au coude, comme des nodus. Il paraît que ces « tumeurs n'étaient pas douloureuses, car *le Prince* ne le témoi- « gna pas. — L'autre main, Monsieur! — Il la présenta aussi : « il n'y avait rien. — *Permettez, Monsieur, que je touche aussi « vos jambes* et vos genoux. — Il se leva. Je trouvai les mêmes « grosseurs aux deux genoux, sous les jarrets.

« Placé ainsi, *le jeune Prince* avait *le maintien du rachi- « tisme et d'un défaut de conformation. Ses jambes et ses « cuisses étaient longues et menues, les bras de même; le buste « très court,* la poitrine élevée, *les épaules hautes et resserrées;* « la tête très belle dans tous ses détails, le teint clair, mais « sans couleurs, *les cheveux longs et beaux,* bien tenus, *châtain « clair.*

« Maintenant, Monsieur, *ayez la complaisance de marcher.* —

« Il le fit aussitôt en allant vers la porte qui séparait les deux « lits, et il revint s'asseoir sur-le-champ.

« Je saisis ce moment pour lui représenter le tort que lui faisait « le défaut d'exercice, et pour lui proposer la visite d'un méde- « cin. — Faites-nous signe au moins, lui dis-je, que cela ne « vous déplaira pas. — *Pas un signe, pas un mot.*

« *Monsieur, ayez la bonté de marcher encore et un peu plus* « *longtemps.* — Silence et refus ; il resta sur son siége, les « coudes appuyés sur la table. Ses traits ne changèrent pas un « seul instant ; *pas la moindre émotion apparente, pas le moindre* « *étonnement dans les yeux, comme si nous n'eussions pas été là.* » (P. 220 à 221.)

« Je voudrais, Messieurs, ajoute Jules Favre, avoir à l'appui de l'opinion que je soutiens toutes les ressources qui me manquent, toutes celles de la science médicale, la psychologie... je vous démontrerais que le tableau dressé par la plume d'Harmand de la Meuse ne peut être le portrait d'un enfant entendant et pouvant parler et refusant systématiquement de le faire.

« Un historien, dont j'ai déjà parlé à la Cour, M. Louis Blanc, a apprécié cette situation par des réflexions très justes.

« Il répond à une objection faite par quelques historiens, et qui consiste à placer les motifs du silence opposé aux délégués, dans le souvenir, odieux pour ce jeune enfant, de l'usage qu'on avait fait d'une pièce signée par lui, pièce contenant une accusation abominable contre sa mère, accusation que ses infâmes persécuteurs auraient eu l'audace de lui arracher. Voici la réponse de M. Louis Blanc :

« C'est à peine s'il est nécessaire de réfuter, tant elle est « absurde, l'hypothèse d'un enfant de neuf ans, faible, infirme, « malade, prenant tout à coup la résolution de ne plus prononcer « un mot de sa vie, et y persévérant jusqu'à la fin, hypothèse « difficile à admettre, même s'il s'était agi d'un homme plein « de santé, plein de force, doué d'une volonté de fer : il n'est « pas moins ridicule de donner pour motif à cette prétendue « résolution le remords d'avoir signé la trop fameuse déclara- « tion dont Hébert eut l'infamie de s'armer contre Marie-

« Antoinette. Tout concourt, en effet, à démontrer que, lorsqu'il « signa cette déclaration, le Dauphin en comprenait à peine le « sens, et ignorait complètement l'usage qu'on en voulait faire, « usage dont rien ne vint l'instruire depuis, attendu qu'on lui « cacha soigneusement la mort de sa mère. Reste donc ce fait, « qu'il faut absolument expliquer, si l'on nie celui de l'évasion « suivie d'une substitution : à l'époque de la visite d'Harmand « de la Meuse, l'enfant se trouva être muet.

« Louis Blanc. »

(*Histoire de la Révolution française*, tome XII, p. 345 et 346.)

« Ainsi, Messieurs, se vérifie ce fait capital, absolument exclusif de l'hypothèse du Dauphin au Temple : qu'à l'époque de l'entrée dans cette prison des deux gardiens Lasne et Gomin, le Dauphin n'y était plus ; il avait été remplacé par un enfant muet ; plus tard, on cherche à faire disparaître cet enfant par le poison. Dessault le sauve... et meurt. Le muet est remplacé par un enfant malade et rachitique, lequel décède au Temple le 8 juin 1795.

« Toutes ces hypothèses, présentées ainsi dans leur ensemble, sont choquantes, invraisemblables ; on les repousse ; puis, quand on examine les preuves qui les appuient, on est forcé de reconnaître leur réalité.

« Aussi, pour les combattre, a-t-il fallu recourir à des suppositions tout aussi inadmissibles que celles dont M. Louis Blanc a fait justice. »

Eh bien, Monsieur P. Veuillot, trouvez-vous ce premier « ouï-dire fort suspect » ? — Des « ouï-dire » tout aussi « suspects » fourmillent dans la plaidoirie de Jules Favre, et ce ne sont pas « des contes insensés » qu'il serait parvenu à « colorer d'une certaine vraisemblance », puisqu'il laisse parler elles-mêmes les autorités qu'il cite.

2° Peuchet, *archiviste de la police,* n'était pas de ces hommes qui tiennent pour vrais « les contes les plus insensés », c'est pour cela qu'il a traduit de la manière suivante, ce que l'arrêt considère comme un « ouï-dire fort suspect » :

«..... La perspicacité populaire découvre qu'on a omis à des-« sein d'ordonner un service funèbre le 8 juin en l'honneur de « Louis XVII, et de marquer dans le calendrier le 8 juin comme « un jour de deuil aussi bien que le 21 janvier.

« Donc, Louis XVIII et toute sa famille savaient que le « Dauphin n'était pas mort. Il était évident qu'on n'avait « pas voulu faire dire *pour un vivant* des prières qui ne sont « dues *qu'aux morts*. Tous les membres de la famille étaient « parfaitement instruits de ce qu'était devenu Louis XVII; « mais chacun d'eux tenait à l'éloigner de la couronne : « Louis XVIII, parce qu'il l'avait placée sur sa tête ; les autres, « parce qu'ils avaient l'espoir de la placer un jour sur la leur. « Quant à Madame, elle ne voulait pas renoncer à la perspec-« tive d'être reine un jour ; enfin, il y avait un complot flagrant « d'usurpation, dont le malheureux Louis XVII était la victime... « Les conjectures étaient à perte de vue dans un certain monde...

« Parmi ceux qui se targuent de ce que sa dépouille n'a pas « été retrouvée, il y en a qui supposent qu'on a fait un simu-« lacre de recherches... » (Jules Favre, p. 249.)

3° M. Sosthène de Larochefoucauld a aussi consigné dans ses Mémoires, tome V, page 118, « l'ouï-dire suivant » qui n'aurait pas dû paraître « fort suspect » à des magistrats non « épurés ». Sosthène de Larochefoucauld était un serviteur fidèle de la Restauration, voici donc ce qu'il écrivait :

« Parfois on a cru en France que le fils de l'infortuné « Louis XVI avait été soustrait à la rage de ses boureaux. « Depuis cette époque, comme alors, sa mort n'a point paru « assez authentiquement prouvée pour que la conscience scru-« puleuse de Louis XVIII ait consenti à ce qu'il en fût fait men-« tion lors de la translation, dans les tombes de Saint-Denis, « des dépouilles mortelles de sa famille. » (Jules Favre, p. 254.)

Cette opinion établit nettement que le roi Louis XVIII et sa cour n'ont jamais cru à la mort du Dauphin au Temple.

Il y en a encore, et beaucoup, des « ouï-dire » tout aussi « fort suspects » que ceux que je viens d'indiquer sommairement. Voici celui de la comtesse d'Adhémar, consigné dans son *Histoire de Marie-Antoinette,* et rapporté par Jules Favre, page 165 :

« La naissance d'un fils donna à la reine l'influence qu'elle « devait avoir. Le roi, charmé de revivre dans un Dauphin, en « montra une tendre satisfaction à Marie-Antoinette. Elle fut « plus vive encore lorsque la reine mit au monde un autre prince « que l'on qualifia de *duc de Normandie,* malheureux enfant « dont le règne s'est écoulé dans un cachot, *où toutefois il n'a « pas trouvé la mort.*

« Certes, je ne veux en aucune manière multiplier les chances « qui s'offriront à des imposteurs, mais en écrivant ceci au mois « de mai 1799, je certifie, sur mon âme et conscience, être posi- « tivement sûre que Sa Majesté Louis XVII *n'a point péri dans « la prison du Temple.* Promis aux Vendéens, on le leur a remis « fidèlement, mais en même temps, par une politique infernale « et pour enlever tout prix à ce gage précieux, on a répandu la « nouvelle de sa mort. Lorsque j'arriverai à ce moment fatal « de notre histoire, je me charge de réunir en un faisceau les « preuves victorieuses de ce que j'avance ; mais, je le répète, je « ne me charge pas de dire ce que le Prince est devenu : je « l'ignore. Le seul Cambacérès, homme de la Révolution, « pourrait compléter mon récit, car là-dessus il en sait beaucoup « plus que moi. »

Malheureusement, Mme la comtesse d'Adhémar n'a pas achevé son travail, mais d'autres documents viennent confirmer ses paroles :

Voici « l'ouï-dire » de M. Labreli de Fontaine, bibliothécaire de S. A. R. Mme la douairière d'Orléans, consigné dans son ouvrage *Révélations sur l'existence du duc de Normandie,* publié à Paris en 1831 (V. Jules Favre, p. 166 et suiv.) :

« ..... Il faut le dire enfin : Louis XVII ou, comme on le « voudra, le duc de Normandie, n'a pas cessé de vivre; l'héritier « direct de l'infortuné Louis XVI respire encore, j'en ai l'assu- « rance; et ce secret, que des circonstances ne me permettaient « pas de révéler, je puis le divulguer aujourd'hui, avec bonheur, « sans redouter du présent les effets d'une indiscrétion trop « tardive... J'ai à ma disposition des pièces authentiques qui « déposent de son existence; pièces qu'au besoin, si j'y étais « contraint, je n'hésiterais pas à rendre publiques, aux risques « de ceux qu'elles peuvent compromettre aujourd'hui... »

Il raconte encore que, Louis XVIII ayant voulu faire célébrer un service en commémoration de la mort de Louis XVII, le haut clergé s'y opposa formellement et laissa entrevoir que la cour de Rome possédait des pièces authentiques qui démontraient l'évasion du Dauphin. Plusieurs auteurs affirment que le Vatican intervint. Ce qu'il y a de certain, c'est que le service n'eut pas lieu.

« Ouï-dire fort suspect » *celui* sorti de la bouche de M. de Rochow, ministre de l'intérieur de Prusse; répondant, en 1836, à M. Xavier Laprade qui voulait commencer par lui prouver l'évasion : « Il est inutile de vous étendre sur cette question, « tout le monde sait à quoi s'en tenir à cet égard, et *je crois* « *comme vous que le Dauphin n'est pas mort dans la prison du* « *Temple*.... Au reste, Monsieur, je ne voudrais pas affirmer « que cet homme (Naundorff) n'est pas le Dauphin; mais je « vous dirai ma pensée tout entière : *je ne voudrais pas le voir* « *reconnu pour tel, parce que sa reconnaissance aujourd'hui serait* « *le déshonneur de toutes les monarchies de l'Europe.* » (Jules Favre, p. 83-85.)

Encore « ouï-dire suspect » la déclaration du même ministre de l'intérieur et de la police à Berlin démentant la qualification de « Juif prussien » que, gratuitement (pour ne rien dire de plus), vous vous obstinez à donner au vrai duc de Normandie, déclaration dont voici les termes :

« Comme vous avez exprimé le désir d'être informé s'il est « vrai que le gouvernement prussien ait élevé la prétention que

« vous descendez d'origine juive, je n'hésite pas à vous assurer « que le dit gouvernement n'a pas élevé cette prétention, et que, « de plus, il n'aurait pu le faire, ne connaissant aucune circon- « stance dont on puisse inférer une telle origine.

« Berlin, 27 août 1840.

« Le ministre de l'intérieur et de la police,

« *Signé :* ROCHOW. »

(Jules Favre, p. 122.)

« Ouï-dire fort suspect » le décret du 10 juillet 1795 (22 messidor an III) ordonnant la mise en liberté de l'enfant voyageant avec Ojardias, et soupçonné être le Dauphin (Jules F., p. 236) ; décret que l'*Univers* rappelle en ces termes, dans son numéro du 6 juillet 1850, en même temps qu'il enregistre un « ouï-dire » devenu aujourd'hui fort suspect aux yeux de M. Veuillot (Pierre) :

« Ce qui est plus grave, c'est qu'on trouve dans les actes de « la Convention un décret qui ordonne de poursuivre sur toutes « les routes de France le fils de Capet. A cette même époque, « Charette, s'adressant à son armée sous les murs des Sables- « d'Olonne, lui dit :

« — Voulez-vous donc laisser périr l'enfant miraculeusement « sauvé du Temple, comme ont péri ses augustes parents ? »

« Dans la Vendée, on croyait donc que l'enlèvement du Dau- « phin de la prison du Temple avait été heureusement con- « sommé. »

« Ouï-dire fort suspects », les protestations faites à la tribune par les conventionnels Chénier et Hardy, à la date des 24 et 30 juin 1795, ainsi que le procès-verbal du 8 juillet suivant, au sujet des manifestations de *Lyon,* de *Rouen* et de *Bretagne* en faveur de Louis XVII. Je ne puis pas tout insérer, je vous renvoie à Jules Favre (plaidoierie, p. 234 et 235), où vous lirez tous ces « ouï-dire... »

— C'était moins encore qu'*un* « ouï-dire fort suspect », cette articulation de soixante-huit faits tous pertinents, concluants et par conséquent admissibles, soutenus par les demandeurs (1); faits soutenus contre un *défendeur défaillant* et venant étayer les « ouï-dire fort suspects » que je viens d'énumérer, sans parler de ceux que, pour abréger, je ne rapporte pas.

Ces faits articulés, dont quatorze sont relatifs à l'*évasion* et les autres à l'*identité,* vous les connaissez, Monsieur, vous avez dû les lire, les peser gravement dans le silence de votre cabinet, vous qui ne voulez certainement pas être un « avocat... » pardon, un publiciste, un journaliste, un historien « passé maître dans « l'art de colorer d'une certaine vraisemblance les contes les « plus insensés... » — Or, ces faits, est-ce « l'imposture » qui peut les dicter à la conscience d'un avocat, surtout lorsque les simples « ouï-dire fort suspects », que vous connaissez, sont déjà une présomption grave en faveur de la vérité ou de la certitude des faits articulés? — Prenons au hasard un de ces faits, le dixième, par exemple, relatif à l'évasion, et ainsi conçu: « que « cette vérité de l'évasion résulte aussi de témoignages histori- « ques irrécusables, d'actes diplomatiques et d'aveux formels, « tant de ministres étrangers et autres personnages politiques « que de la part de Louis XVIII depuis 1814. » — Est-ce que les « ouï-dire » en question ne constituent pas déjà par eux-mêmes un commencement de preuve par écrit qu'il n'est plus possible de rejeter, surtout lorsqu'il est fourni contre un *défendeur défaillant?*

Or, il en est de tous les autres faits comme pour le dixième, vous le savez aussi bien que moi; seulement la crainte « de colorer d'une certaine vraisemblance » les faits les plus écrasants, vous les a fait classer au rang des « contes les plus insensés », ou jeter au panier comme de simples « ouï-dire fort suspects ». C'est pourquoi j'ai le droit de vous plaindre.

A tous ces « ouï-dire fort suspects » qu'oppose-t-on? — Vous

(1) Voir plaidoirie de Jules Favre (p. 140 à 153). *Où est la Maison de France?* (p. 20 à 33).

l'avez vu, on oppose les témoignages de *Lasne* et de *Gomin*, « recueillis judiciairement en 1834, 1837 et 1840. »

Jules Favre consacre, en les reproduisant, plus de vingt pages de sa plaidoirie à la discussion de ces témoignages. (V. plaidoirie, p. 183-205.) Il ne m'est pas possible de reproduire toute cette discussion ; je ne relèverai que les contradictions flagrantes dans lesquelles sont tombés ces deux hommes, dont les déclarations sont le seul argument en faveur de la mort du Dauphin au Temple, soit contre le fait de la *substitution* d'abord, et de l'*évasion* consommée ensuite à la mort de l'enfant substitué. — Déclaration de Lasne en 1834 (dans le procès Richemont), faite sous la foi du serment :

« — D. Le Dauphin était-il malade quand vous êtes arrivé? « — R. Depuis deux mois... — D. Avez-vous causé avec « l'enfant? — R. Tous les jours. — D. Sur quels objets? — « R. Jamais que sur des objets sérieux et graves... » (V. Jules Favre, plaidoirie, p. 183.)

En 1837, Lasne, interrogé par le juge Zangiacomi, répond :

« ..... J'affirme encore sur l'honneur que ce prince, malgré « les soins que je lui donnai, est mort au Temple *après une* « *maladie de deux jours ;* il a rendu le dernier soupir sur mon « bras gauche... Au reste, lors des débats du procès de Riche- « mont, j'ai déposé de tous les faits qui étaient à ma connais- « sance sur cette affaire... je ne puis que m'en référer à ce que « j'ai dit. » (V. J. Favre, p. 185, 186.)

On le voit, les contradictions sont frappantes : *L'enfant est malade depuis deux mois ; l'enfant est mort après une maladie de deux jours.* — Lasne dit à la fois *oui* et *non ;* il dit : l'*enfant se porte bien* et *se porte mal...*

En 1840, Lasne dépose : « Pendant que j'étais au Temple, « *le Prince ne rompait jamais le silence : dans une seule circon-* « *stance, il daigna m'adresser la parole...* » (J. Favre, p. 190) : et, cependant, vous l'avez vu ci-dessus, à cette question que lui pose le magistrat : « Avez-vous *causé* avec l'enfant ? » — Lasne répond : « *Tous les jours !!* — Sur quels objets? — Jamais « que sur *des objets* sérieux et graves !! »

Si les « ouï-dire fort suspects » que nous avons passés en revue tout à l'heure étaient aussi *catégoriques,* aussi *significatifs* que les réponses de Lasne au magistrat qui l'interrogeait, comment la Cour de Paris les aurait-elle qualifiés???

M. de Beauchesne fait encore parler différemment *Lasne* (Voir tome II livre XVII), qui lui dit (id., p. 295) : « Tout ce que « vous avez écrit sur mes souvenirs concernant Sa Majesté « Louis XVII, est de la plus scrupuleuse exactitude... »

Interrogé par M. Perceval sur ces contradictions flagrantes, M. de Beauchesne répond : « Je ne sais pas qui a pu dire ou « *faire dire* à Lasne que le Dauphin ne lui a parlé qu'une seule « fois : lui-même m'a rapporté toutes les paroles que j'ai mises « dans la bouche de l'enfant. » (J. Favre, p. 196.) — Et cependant la Cour de Paris a pris en considération les déclarations *judiciaires* de Lasne, qui ne concordent pas entre elles.— Qu'en dites-vous, Monsieur Veuillot (Pierre)??...

Passons à Gomin, qui, lui aussi, a déposé devant la justice : « ..... *Je connaissais parfaitement, avant sa détention,* le duc « de Normandie, fils de Louis XVI, *l'ayant vu souvent,* et *à une « distance fort rapprochée, dans le jardin du Prince* aux Tuile- « ries..... Lorsque j'entrai en fonctions, la santé du Prince « était déplorable... *Pendant sa maladie, le Prince, que je voyais « à tous les instants de la journée, causait sans effort.....* c'est « lui que j'ai soigné, c'est *lui qui est mort sous mes yeux...* c'est « lui, enfin, qui parlait encore une heure avant de mourir... » (J. Favre, plaidoirie, 198, 199.)

Ecoutons M. de Beauchesne (tome II, p. 242, 5e édition) : « Je dois à cet homme, sur cette dernière période de la vie du « Dauphin, un grand nombre de particularités intéressantes « auxquelles il se trouve souvent mêlé... » Puis, plus loin (p. 244) : « ... Entré au second étage, dont la première pièce « servait d'antichambre, Laurent demanda à son collègue s'il « avait vu autrefois le prince royal. — *Je ne l'ai jamais vu,* « répondit Gomin. — En ce cas il se passera du temps avant « qu'il vous dise une parole. »

— *Je ne l'ai jamais vu... ! Je connaissais parfaitement avant sa détention le duc de Normandie !!* — c'est la même chose... « *Lorsque j'entrai en fonctions* (27 juillet 1794), *la santé du Prince était déplorable...* » (Gomin) « *Il est mort après une maladie de deux jours* » (Lasne)... c'est encore la même chose. — « *Pendant sa maladie, le Prince, que je voyais à tous les instants de la journée, causait sans effort...* » (Gomin) «... *Pen-* « *dant que j'étais au Temple, le Prince ne rompait jamais le* « *silence...* » (Lasne) : c'est toujours la même chose !!

— Beauchesne dit encore (tome II, p. 325, 5e édition) : «... Lasne remontait pour remplacer Gomin : celui-ci sortit le « cœur serré, mais non pas plus inquiet que la veille ; car il ne « *prévoyait pas encore une fin prochaine.* Lasne s'assit auprès « du lit ; le Prince le regarda longtemps d'un œil fixe et rêveur. « Comme il fit un léger mouvement, Lasne lui demanda com- « ment il se trouvait, et ce qu'il désirait. L'enfant lui dit : « *Crois-tu que ma sœur ait pu entendre la musique? Comme cela* « *lui aurait fait du bien !* — Lasne ne put répondre. Le regard « plein d'angoisse du mourant s'élançait perçant et avide vers « la fenêtre. Une exclamation de bonheur s'échappa de ses « lèvres ; puis, regardant son gardien : — *J'ai une chose à te* « *dire... Lasne* lui prit la main ; la petite tête du prisonnier se « pencha sur la poitrine du gardien, qui écouta, mais en vain. « Tout était dit... Gomin et Damont, commissaire de service, « prévenus par Lasne, montèrent immédiatement dans la cham- « bre funèbre... »

Et cependant Gomin a déposé devant la justice : « C'est lui « (le Dauphin) qui est mort sous mes yeux, en juin 1795, à la « tour du Temple. » Gomin remercie de Beauchesne, par écrit, « de l'exactitude avec laquelle » il a rapporté « la partie de ce travail empruntée à ses souvenirs... » (de Beauchesne, id., p. 243.)

Joignons à toutes ces déclarations celle (découverte plus récemment) de Damont, qui prétend avoir été, avec *Lasne* et *Gomin*, le témoin de l'agonie du Dauphin, et que ses dernières paroles furent celles-ci : « Mettez-moi dans un endroit où je ne « souffre pas autant. » (*Univers*, 28 février.)

Qu'en pensez-vous, Monsieur Veuillot ? N'y aurait-il pas dans tous ces « contes les plus insensés » de quoi faire une série d'articles colorés « d'une certaine vraisemblance » qu'on pourrait intituler : L'accord !! de Beauchesne, Lasne, Gomin, Damont, Veuillot (Pierre) et Cie ??

— Tout cela ne vous empêche pas d'affirmer, dans votre article du 28 février, que : « Interrogés en justice, interrogés par « des personnes dignes de foi et de tout respect, dont on a les « attestations bien établies, jamais, encore une fois, jamais « *Lasne* et *Gomin* ne se sont *démentis.* » — Vous affirmez qu'ils étaient « de très honnêtes gens... que leur témoignage « doit inspirer toute confiance jusqu'au jour où il serait démon- « tré qu'ils ont commis un acte peu délicat ; par exemple, qu'ils « ont fabriqué de la fausse monnaie, comme Naundorff. Seule- « ment, cette démonstration, il est de moins en moins probable « qu'elle soit jamais faite. » (*Univers,* 28 février.)

Si vous étiez vous-même honnête, vous auriez dû écrire : « *Il est de plus en plus évident qu'elle est faite,* » cette démonstration « (que Lasne et Gomin ont commis un acte peu délicat »). Pas n'est besoin de fabriquer « de la fausse monnaie » pour cesser d'être honnête, ou pour commettre « un acte peu délicat », il suffit de *fabriquer* des déclarations *fausses ;* or, il est surabondamment prouvé que Lasne et Gomin n'ont *fabriqué* que cela, et c'est bien suffisant.

« Les fausses opinions, écrit J. de Maistre, ressemblent à la « fausse monnaie, qui est frappée d'abord par de grands coupa- « bles, et dépensée ensuite par d'honnêtes gens, qui perpétuent « le crime sans savoir ce qu'ils font. » — (*Soirées de Saint-Pétersbourg*, Ier vol.)

Vous venez, Monsieur, de perdre l'assez mince avantage d'être classé parmi ces « *honnêtes gens* » dont parle J. de Maistre, et d'emblée vous vous classez vous-même parmi les *grands coupables qui frappent,* les uns la fausse monnaie, les autres, comme vous, les « *fausses opinions* ».

Vous frappez, vous battez la *fausse monnaie* historique... et vous avez assez de vanité pour croire que, portant votre estampille, que, marquée à votre coin, cette monnaie ira grossir les trésors de l'histoire ! Et les... Centuriateurs... alors !...

Pour mettre en relief l'honnêteté des faux témoins Lasne et Gomin, vous dites qu'il n'est pas démontré, « par exemple, qu'ils « ont fabriqué de la fausse monnaie, comme Naundorff. » — C'est ici, et à propos des qualifications de « Juif prussien... d'aventurier allemand... etc., » que vous donnez au vrai duc de Normandie, que s'étale votre *habileté!!* dans l'art de *frapper* la fausse monnaie historique.

Où est le jugement, où est l'arrêt ayant déclaré ou déclarant « Naundorff » atteint, convaincu et coupable du crime de fausse monnaie... ? Où est-il ? Nous vous sommons de le produire, et, jusque-là, à votre encontre nous crions : *imposture!* — Ce mot est sévère, mais vous le justifiez, car vous dénaturez même l'arrêt de la Cour de Paris que vous invoquez contre nous.

L'arrêt dit (vérifiez dans vos propres colonnes)... «... *poursuivi* à l'étranger, en 1814, pour crime d'incendie, en 1825, « pour crime de fausse monnaie... » Or, à vos yeux, parce qu'il s'agit « de Naundorff », *poursuivi* veut dire *condamné ;* et, sachant que vous ne pourrez jamais produire le moindre jugement déclarant « Naundorff » coupable du « crime d'incendie » et du « crime de fausse monnaie », pour mettre le sceau aux éloges que vous faites des faux témoins Lasne et Gomin, vous dites que « leur témoignage doit inspirer toute confiance « jusqu'au jour où il serait démontré... par exemple, qu'ils ont « fabriqué de la fausse monnaie, comme Naundorff. »

Mais, faussaires, ils le sont vos deux témoins, tandis que « Naundorff » ne l'a jamais été qu'au bout de votre plume.

Le texte du seul jugement rendu en Prusse ou à l'étranger contre le vrai duc de Normandie, le voici :

« Attendu que, bien que les indices qui s'élèvent contre l'ac- « cusé Naundorff ne soient pas suffisants pour le condamner, « une condamnation devient nécessaire dans ce cas, parce qu'il « s'est conduit pendant le cours du procès comme un menteur « impudent, se disant *prince natif,* et laisant supposer qu'il

« appartient à l'auguste famille des Bourbons. » (J. Favre, plaidoirie, p. 35.)

Le même juge qui rendit la sentence ci-dessus notifiait au duc de Normandie (Naundorff), pendant l'instruction, l'acte officiel que voici :

« Il résulte d'un écrit du conseil de la ville de Weimar du « 17 décembre 1824, adressé au magistrat de la résidence de « Brandebourg, qu'après une recherche minutieuse dans les « registres d'église du pays, le nom de Naundorff n'a pu être « trouvé, et que les plus anciennes familles ne se souviennent « pas qu'il ait jamais existé à Weimar quelqu'un du nom de « Naundorff. » (V. J. Favre, plaidoirie, p. 33.)

La lecture de ces deux textes fait comprendre au lecteur que si le juge prussien, qui voulait absolument condamner le duc de Normandie, avait eu le bon sens le plus vulgaire, il aurait dû le condamner non pas pour avoir osé se dire *prince natif,* mais bien au contraire pour avoir laissé croire, par la production de son passeport, qu'il s'appelait Naundorff, tandis que la pièce officielle ci-dessus prouve qu'il n'est pas Naundorff. — Revenons à vos amis Lasne et Gomin, ces « très honnêtes gens... » — En ce qui concerne Lasne, vous démentez Beauchesne au sujet des dernières paroles prononcées par le Dauphin (v. plus haut) ; et ce sont les paroles rapportées par Damont, qui *prétend les avoir entendues en présence de Lasne et de Gomin,* que vous affirmez être les dernières sorties de la bouche du Dauphin, tandis que Lasne (qui affirme s'être trouvé seul et avoir seul reçu le dernier soupir) affirme en même temps que les dernières paroles sont tout autres que celles que Damont prétend avoir recueillies lui-même, avec les deux gardiens, sur les lèvres du Dauphin. — *Mentita est iniquitas sibi.*

En ce qui concerne Gomin, vous démentez sa déclaration devant la justice où il disait : « *C'est lui qui est mort sous mes* « *yeux en juin*, etc., » tandis que vous le faites partir, sur l'ordre de Damont, pour aller prévenir le président de la Convention de l'*état désespéré* du malade : cependant de Beauchesne (voir plus haut) ne parle pas de la présence de Damont à ce moment-là, il dit que Lasne monte pour remplacer Gomin ; celui-ci sort « le « cœur serré, mais non pas plus inquiet que la veille, car il ne « *prévoyait* pas encore une fin prochaine... », il ne pouvait donc pas aller prévenir « le président de la Convention de « l'*état désespéré du malade* », comme vous le prétendez.

Résumons : *Lasne* prétend qu'il était *seul*, et Beauchesne est de cet avis : *Gomin* prétend qu'il y était aussi, que l'enfant « est « *mort sous ses yeux* », et de Beauchesne (p. 326) prétend que *Gomin* et *Damont*, prévenus du décès par Lasne, « montèrent « immédiatement dans la chambre funèbre », et cela pendant que vous faites partir Gomin, sur l'*ordre* de Damont, pour aller prévenir le président de la Convention. — Damont, lui, soutient *mordicus* qu'ils y étaient *tous les trois;* il met dans la bouche de l'enfant *les dernières paroles* que Lasne (seul témoin de la mort, d'après ses déclarations et le récit de M. de Beauchesne) contredit formellement ainsi que ce dernier. — Au sujet des dernières paroles sorties de la bouche de l'enfant, Lasne ne contredit pas seulement *Damont,* il se contredit lui-même et laisse M. de Beauchesne dans un grand embarras. — « Crois-tu que ma « sœur aurait pu entendre la musique ? Comme cela lui aurait « fait du bien !.... j'ai une chose à te dire.... » *dernières* paroles suivant *Lasne et Beauchesne...* — « *Tu as donc juré* que je le « boirais ?... *eh bien ! donne, je vais le boire...* Ce sont les seules « paroles que je lui aie entendu proférer pendant tout le temps « que j'ai passé auprès de lui... » *seules* paroles, suivant *Lasne* devant la justice. (J. F., plaidoirie, p. 191)....... — Enfin, vous, Monsieur Veuillot, vous faites mourir l'enfant en présence de Lasne et de Damont seuls, tandis que Damont, Lasne et Gomin disent tous les trois le contraire de ce que vous dites, et sont tous les trois en contradiction entre eux et avec eux-mêmes, sans que votre version dissipe le moins du monde ces prodigieuses contradictions... au contraire ! *Mentita est iniquitas sibi.*

Cela me rappelle un peu l'unanimité touchante des *témoins* accusateurs de la chaste Suzanne :... était-ce *un prunier ?...* était-ce *un poirier ?...* c'était tout simplement une infâme calomnie qui a cloué au pilori et voué à la malédiction de l'histoire les infâmes vieillards qui l'avaient inventée... pour se venger... Mais restons dans le sujet.

Est-ce que les *dires* de Lasne, Gomin, Damont, Beauchesne, Pierre Veuillot et autres mériteraient donc plus de créance que les « ouï-dire fort suspects » que j'ai livrés à vos réflexions ? — Je vous le déclare franchement, à tous ces *dires* contredits les uns par les autres, et *super*-contredits par vous, dont « l'ouï-dire » commence à devenir « fort suspect », je préfère de beaucoup voir au moins une « certaine vraisemblance » dans les lettres de Laurent, sur lesquelles je ne reviens pas, mais qui reviennent à l'esprit, à cause du soin tout particulier que vous avez mis à crayonner d'une façon par trop fantaisiste la physionomie de ce personnage. — « Laurent, dites-vous, qui d'abord resta pendant « trois mois *seul chargé de la garde intime des deux enfants de* « *Louis XVI,* n'avait qu'un défaut : il avait peur, et la crainte « qu'il éprouvait de se compromettre était si vive, qu'elle para- « lysait presque entièrement sa bienveillance. Non, cet homme- « là n'eût point prêté les mains à une substitution ! » (*Univers,* 28 février.)

Il fallait, en effet, être courageux pour non seulement prêter les mains à une substitution, mais pour la consommer et l'opérer dans les conditions où les trois lettres attribuées (par nous) à Laurent, indiquent qu'elle se serait faite.

Qui était Laurent ? « Un jeune homme intelligent, humain « et de manières distinguées, dont la Duchesse d'Angoulême, « dans ses *Mémoires,* fait le plus grand éloge, et dont, pour sa « part, elle n'eut jamais qu'à se louer. » (*Univers,* 27 février.) Qui était Laurent, dont, après ce tableau, vous faites un peureux, craignant par dessus tout « de se compromettre » ? — Voyons son histoire. — Vous savez que, le 30 nivôse an II (19 janvier 1794), Simon et sa femme quittèrent le Temple ; vous savez aussi que, du 30 nivôse au 9 thermidor (19 janvier-27 juillet 1794), Simon n'a pas eu de successeur, que l'isolement du royal prisonnier a été absolu pendant cette période de six mois et huit jours, et que la porte de la prison de Louis XVII était scellée et grillée. Vous savez qu'au lendemain du 9 thermidor (27 juillet 1794), Barras, nommé commandant général de la force armée, alla, avec son cortége, se montrer à tous les grands postes de Paris, y compris celui du Temple, dont il fit doubler la garde, en ordonnant aux municipaux d'y rester en permanence et d'y exercer la surveillance la plus sévère (2ᵉ vol., p. 216), et d'autres nous apprennent que, s'adressant à J.-J.-Christophe Laurent, qui faisait partie de son cortége pendant cette revue des grands postes de Paris, Barras lui dit : *J'aurai à causer avec vous; venez me voir quand nous serons rentrés.*

Que se passa-t-il dans ce tête-à-tête entre *Barras,* devenu la *Terreur* des *terroristes,* et le jeune Laurent ? Nul ne le sait au juste ; ce qu'il y a de positif, c'est que ce tête-à-tête eut lieu, et que Laurent resta seul, de par Barras, chargé pendant trois mois et plus *de la garde intime des deux enfants de Louis XVI.* Ce qu'il y a d'aussi positif, c'est que ni Gomin ni Lasne n'eurent d'entrevue avec Barras relativement à leur nomination : un *mandat impératif* du Comité de sûreté générale leur fut signifié, et ce fut tout. Le premier (Gomin) voulut s'excuser, on lui fit comprendre qu'il fallait se rendre immédiatement à son poste : « la voiture t'attend » (de Beauchesne, t. II, p. 240). Le second (Lasne) avait appris sa nomination par un message de la police ; comme il ne s'était pas rendu sur-le-champ à un appel qui était un ordre, deux gendarmes étaient allés le prendre à son domicile, et l'avaient conduit immédiatement à son poste (id., p. 287.)

Que fit Laurent pendant les trois mois et plus qu'il eut *la garde intime* des deux enfants de Louis XVI ?... — Les trois lettres qui lui sont attribuées, et dont on n'a pu produire que des copies, l'expliqueraient d'une façon catégorique, car ces trois lettres, en les admettant un instant pour authentiques, établissent : celle du 7 novembre 1794, qu'avant l'adjonction de Gomin, la première substitution (celle de l'enfant muet) avait eu lieu; celle du 5 février 1795, qu'il est question de substituer à l'*enfant muet* un autre *enfant malade,* et celle du 3 mars 1795 établit que la seconde substitution (celle de l'*enfant malade* à l'*enfant muet*) avait eu lieu avant l'installation de Lasne, suivie du départ de Laurent. — Il est dit dans

3

cette troisième lettre : « ... *Lasne prendra ma place quand il* « *voudra*. Les mesures les plus sûres et les plus efficaces sont « prises pour la sûreté du Dauphin ; conséquemment je serai « chez vous en peu de jours, pour vous dire le reste de vive « voix. » (J. Favre, plaidoirie, p. 223, 224.)

Mais, ces lettres étant arguées de « fraude », l'arrêt considérant « que Naundorff a évidemment pu fabriquer ces pièces « à son aise, et qu'il n'est pas sérieux de les présenter comme « un élément de preuve, » il ne nous reste qu'à examiner si Laurent a pu les faire, c'est-à-dire exécuter ce dont elles donnent acte ; en d'autres termes, il s'agit d'examiner si Laurent était homme à *vouloir,* à *pouvoir,* à *savoir* faire ce qu'elles indiquent comme ayant été fait, et fait par lui.

Le *vouloir,* c'est hors de doute : « un jeune homme intelligent, « humain, de manières distinguées, dont la Duchesse d'Angou- « lême fait le plus grand éloge, etc. » (*Univers,* 28 février) ; un jeune homme qui, dès son début (v. Beauchesne, t.II , p. 230), appelle *Monsieur Charles,* celui que ses prédécesseurs et les employés de la Tour n'appelaient que vipère... louveteau... crapaud... » (id., 174), ce jeune homme n'a pas pu ne pas avoir la volonté de sauver *celui* dont *Barras* lui avait *confié la garde* intime. Beauchesne nous dit (id., p. 227) : « Tandis que parmi « les employés de la Tour et parmi les municipaux qui, depuis « des mois, s'étaient succédé journellement, pas un ne se fût « trouvé qui ne craignît la mort plus que le crime, lui, Laurent, « ne fut pas arrêté par *la peur de se compromettre*. Les Pilate « abondent dans les révolutions ; ils laissent dresser la croix « au Calvaire et se lavent les mains en demandant que le sang « du juste ne retombe pas sur leur tête. Servant la cause de « tout pouvoir qui est tombé, ceux-là ne font pas les révolu- « tions, mais ils les acceptent toutes. *Laurent* ne fut pas de ces « *lâches* qui voient le bien et *laissent faire le mal,* qui préfèrent « leur *vie* à leur conscience, et leur *repos* à *la* vérité : il eut « pitié de la victime, et il eut le courage de lui faire du bien. »

Laurent eut donc la *volonté,* c'est plus que vraisemblable, c'est moralement certain, de *sauver* l'enfant. En eut-il le *pou-*

voir, la possibilité? — Quand il y a la *volonté,* pour contester, pour nier la *possibilité,* le *pouvoir,* il faut établir l'*impossibilité absolue* de *pouvoir* ce qu'on a *voulu :* or, cette *impossibité absolue,* personne jusqu'ici, depuis M. de Beauchesne jusqu'à vous inclusivement, Monsieur Veuillot, personne ne l'a démontrée. La *possibilité* devient donc bien vraisemblable ; elle devient aussi vraisemblable que la *volonté,* si l'on considère que *Laurent* était placé *là* directement par *Barras,* après un entretien secret avec lui, au lendemain même du 9 thermidor, après six mois d'*isolement* infligés au royal prisonnier... si l'on considère que Laurent, « jeune homme intelligent, humain, de manières distin- « guées, dont la Duchesse d'Angoulême, dans ses *Mémoires,* « fait le plus grand éloge, etc... » (*Univers,* 28 février), devenait au Temple le successeur immédiat de Simon, après une vacance de six mois.

Si Laurent a vraisemblablement *voulu* et *pu* sauver le prisonnier dont il avait *la garde intime,* la conclusion est qu'il a su le sauver ; et la preuve qu'il l'a réellement sauvé, nous la trouvons dans le premier des « ouï-dire fort suspects » sur lesquels j'ai appelé votre attention, et qui n'est autre que le rapport des conventionnels Harmand de la Meuse, Mathieu et Reverchon. Ce rapport, nous l'avons vu, constate que les conventionnels ont trouvé un *enfant muet* à la place du prisonnier : par sa date du 9 ventôse an III (27 février 1795), ce rapport justifie la lettre que Laurent aurait écrite le 5 même mois, dans laquelle il est fait mention du *muet substitué* et du danger qu'il y aurait de le *remplacer par un autre enfant malade ;* il justifie également celle du 5 mars suivant, où il est dit : « Notre « muet est heureusement transmis dans le palais du Temple et « bien caché ; il restera là, et, en cas de danger, il passera pour « le Dauphin. »

Une preuve aussi que Laurent a *voulu, pu* et *su* sauver son royal prisonnier, c'est que, le 29 mars 1795, soit 24 jours après sa dernière lettre, ou trente jours après la visite des conventionnels au Temple, où ils ne virent dans la prison qu'un enfant muet, Laurent quittait le Temple, et se retirait non point devant une destitution, mais sur sa demande personnelle. Les motifs d'intérêts de famille qu'on donne à cette retraite ne sont que secondaires, s'ils ne sont pas imaginaires : étant donnés les *faits* et *gestes* de cet *intelligent, humain, courageux gardien intime* des prisonniers du Temple, sa retraite devenait nécessaire pour que, sans compromettre la sécurité du royal prisonnier dont il avait si intelligemment et si généreusement préparé la délivrance, il pût librement correspondre avec ceux qui lui avaient confié cette consolante et en même temps périlleuse mission, et combiner avec eux les moyens qui devaient en assurer le succès définitif au décès du second substitué, soit le 8 juin 1795.

Les agents de l'enlèvement ont-ils été aussi heureux que ceux de la substitution ? — Plusieurs des « ouï-dire fort suspects » que je vous ai rappelés, l'indiquent déjà : « *le corps d'un* « *grand enfant qui avait été enterré dans de la chaux vive* » découvert dans les terres ou fossés de la cour du Temple en 1801 (Beauchesne, t. II, p. 355) l'indique aussi : les fouilles ordonnées par Napoléon Ier... la bière, encore assez bien conservée, ouverte en présence de Fouché et de Savary, et *trouvée vide*... (v. J. Favre, plaidoirie, p. 248), ajoutent de nouvelles présomptions aux précédentes : les témoignages de *l'identité*, en confirmant toutes ces présomptions, établiront de la manière la plus victorieuse que l'enlèvement a eu lieu, car ces témoignages *irrécusables*, que vous avez traîtreusement passés sous silence, établissent par des preuves *invincibles l'identité* de « Naundorff avec le vrai duc de Normandie, le Dauphin fils de Louis XVI et de Marie-Antoinette. »

A toutes ces présomptions (1) *graves, concordantes*, c'est-à-dire réunissant les caractères voulus par la loi pour constituer la preuve d'un « fait inconnu », à toutes ces présomptions mises

(1) Vous savez qu'en droit les présomptions sont des conséquences que la loi ou le magistrat (on pourrait ajouter, pour plus de clarté encore, *le bon sens, l'équité et la bonne foi*) tire d'un fait connu à un fait inconnu.

par l'arrêt du 28 février 1874 au rang d'un « ouï-dire fort suspect » qu'opposez-vous ? Vous opposez les fantaisies *dogmatico-historiques* de Bertin, du *Journal des Débats*, *qui* a copié Loiseleur, du *Temps*, *qui* a copié Burton, *qui* a copié Pierre d'Attente, du *Clairon*, *qui* s'est copié lui-même en copiant Oscar de Poli, *qui* a copié de la Sicotière et Chantelauze, *qui* ont copié de Beauchesne, *qui* a copié on ne sait *qui*... peut-être le substitut Dupré-Lassalle dans son réquisitoire de 1851, *qui* s'est inspiré des « Centuriateurs » de tous les temps, de tous les pays, de toutes les époques, *qui* ont été, sont et seront toujours les « écrivains à gages » de cette déesse impie, immorale, hypocrite, maquillée, *qui* s'appelle la *Raison d'Etat*. Oui, vous avez préféré tous ces plagiaires *qui*, pour « colorer d'une certaine vraisemblance les contes les plus insensés », et se donner le faux mérite de jeter un nouveau jour sur la question, n'ont pas craint de se contredire presque tous les uns les autres, tantôt sur un fait, tantôt sur un autre; vous avez préféré tous ces plagiaires déguisés, *qui* ne se sont entendus que sur les conclusions qu'ils voulaient tous tirer, et *qui*, dans leur esprit à tous, se formulent ainsi : 1° *Nous voulons absolument que le Dauphin soit mort au Temple... il le faut...* 2° (subsidiairement), *si, par impossible,* le *Dauphin s'était évadé du Temple, il ne faut absolument pas que « Naundorff » soit le Dauphin... nous avons nos raisons pour cela...*

Tous, pour des raisons que vous n'osez pas avouer, vous êtes moins justes, moins impartiaux, plus volontairement éloignés de la vérité que M. de Rochow, ministre prussien, qui du moins reconnaissait le fait de l'*évasion*, mais redoutait la preuve de l'*identité*, parce que, suivant lui, la reconnaissance de Naundorff comme étant le Dauphin, serait « aujourd'hui (1836) le « déshonneur de toutes les monarchies de l'Europe ». (Voir plus haut, et J. Favre, plaidoirie, p. 83-85.)

Etes-vous donc bien persuadé, Monsieur, de n'avoir jamais, dans vos longs articles, « coloré d'une certaine *in*vraisemblance les contes les plus insensés » qu'il vous a plu de substituer à la vérité, *qui* ne copie personne, s'affirme en tout temps et en tout lieu, et parle toujours « sans finesse ni stratégie habile » ?

Passant aux témoignages relatifs à l'*identité* invoqués par Me Jules Favre, l'arrêt de la Cour de Paris les apprécie ainsi :

« Considérant que, la vérité de l'acte de décès étant établie, « il n'y a pas lieu de s'occuper des moyens déduits d'une *foule* « *de vagues rumeurs, de futiles présomptions, d'inductions hasar-* « *dées, et de quelques vaines marques d'une possession d'état à* « *l'étranger,* à l'aide desquels on s'est attaché à démontrer « l'identité de Naundorff avec Louis XVII, survivant supposé « à la captivité du Temple. »

... *Vagues rumeurs ! futiles présomptions ! inductions hasardées !* ce *considérant,* appliqué aux preuves ou tout au moins aux présomptions graves sur lesquelles on étaie le *fait de l'évasion,* nous aurait déjà paru d'une rigueur extrême ; il n'aurait toutefois choqué le bon sens, la raison que dans une mesure relativement restreinte ; et nous admettons volontiers qu'il n'aurait entravé en rien la manifestation de la vérité dans l'hypothèse où la Cour de Paris aurait apprécié à leur juste valeur les témoignages, les preuves, les documents constatant, établissant l'identité, documents, preuves, témoignages qui sont à ceux constatant l'évasion comme quatre-vingt-dix est à un, ou comme l'ombre est au soleil.

Vous voyez d'ici la nuance qu'il y a déjà entre un « ouï-dire fort suspect » et « de vagues rumeurs, de futiles présomptions, etc. » : elle est assez marquée ; donc, même suivant l'arrêt, les indices de l'*identité* sont *plus sérieux,* ou, si vous le préférez, *moins* « suspects » que ceux de l'*évasion.* Je crois avoir rétabli la vérité sur les « ouï-dire fort suspects » : je vais tâcher sommairement de vous faire voir ce qu'on discerne dans cette « *foule de vagues rumeurs, de futiles présomptions, d'inductions hasardées,* etc. »

Les témoignages de Lasne et de Gomin ont été recueillis judiciairement en 1834, 1837 et 1840 : vous savez maintenant ce que valent, ce que vaudront toujours dans l'histoire les déclarations mensongères et contradictoires de ces deux témoins.

Or, Mme de Rambaud, Mme Marco de Saint-Hilaire et bien

d'autres ont aussi déposé devant la justice, et laissé des déclarations.

Analysons ces témoignages :

1° Mme de Rambaud : le 12 juillet 1837, elle dépose devant le juge :

« J'étais attachée au berceau du Prince Charles-Louis, duc « de Normandie, depuis sa naissance, jusqu'au 10 août 1792, « où je l'ai quitté aux Tuileries, n'ayant pu le suivre aux Feuil- « lants. J'étais tous les jours avec le Prince, je suis même « toujours sortie avec lui, et je ne l'ai jamais perdu de vue. »

Ceci est un peu plus sûr que la déposition de Lasne, qui prétend avoir vu jouer le Prince dans le jardin des Tuileries. Lasne n'a vu l'enfant qu'une fois ; Mme de Rambaud l'a vu jusqu'au 10 août...

« Je l'ai cru mort jusqu'en 1833. Mais, à cette époque, le « Prince m'a été présenté par une dame de ma connaissance « sous le nom de Naundorff ; au moins j'ai su depuis que c'était « ainsi qu'on l'appelait à l'étranger. *Je n'ai point le moindre « doute sur l'identité du Prince ou de celui que j'appelle ainsi, et « que je crois être le véritable fils de Louis XVI. Ses traits, des « marques particulières dont il est porteur, et notamment celle « de l'inoculation que j'ai vu faire,* son port, sa ressemblance « avec le roi Louis XVI et la reine Marie-Antoinette, *sont les « motifs* qui me déterminent *très consciencieusement* à penser « *qu'il est le véritable fils de Louis XVI.*

« Je dois dire aussi qu'ayant connu mieux que personne tous « les souvenirs de son enfance, j'ai pu m'en entretenir avec lui, « et j'ai été frappée de *l'exactitude de ses souvenirs,* des détails « dans lesquels il est entré, et de la fidélité avec laquelle il me « les a sans cesse reproduits. Dans la crainte d'être surprise par « la mort, j'ai cru devoir consigner dans un acte de dernière « volonté l'expression de ma conviction. *Cet acte a été saisi « chez moi, le 15 juin dernier, lors d'une perquisition qui y a eu « lieu.* »

En effet, le juge d'instruction avait lancé des mandats d'amener contre toutes ces respectables personnes... Leur domicile a été violé par des agents de police. Elles ne s'en plaignent pas... prêtes qu'elles sont à souffrir davantage pour le triomphe de la vérité !

« *J'ai voulu que mon opinion sur son identité fût bien connue*
« *et bien constatée, et qu'elle pût aussi lui servir dans le cas où*
« *son état serait discuté devant les Tribunaux...*

« Je dois dire que M. de Joly, dernier ministre de la justice,
« ne faisait point de doute sur l'identité du Prince. Il lui avait
« trouvé dans la démarche, dans la voix et jusque dans les
« inflexions de cet organe, des rapports avec Louis XVI, qui
« l'avaient profondément frappé... » (Jules Favre, plaidoirie, p. 257-258.)

Antérieurement, dans la crainte de la mort, elle a laissé sa déclaration du 15 décembre 1834, ainsi conçue :

« Dans le cas où je viendrais à mourir avant la reconnais-
« sance du Prince, fils de Louis XVI et de Marie-Antoinette,
« je crois devoir affirmer ici par serment, devant Dieu et devant
« les hommes, que j'ai retrouvé, le 17 août 1833, Monseigneur
« duc de Normandie, auquel j'eus l'honneur d'être attachée
« depuis le jour de sa naissance jusqu'au 10 août 1792, et
« comme il était de mon devoir d'en donner connaissance à
« S. A. R. Mme la Duchesse d'Angoulême, je lui écrivis dans
« le courant de la même année. Je joins ici la copie de ma
« lettre.

« Les remarques que j'avais faites dans son enfance sur sa
« personne ne pouvaient me laisser aucun doute sur son iden-
« tité partout où je l'eusse retrouvé.

« Le Prince avait, dans son enfance, le col court et ridé
« d'une manière extraordinaire. J'avais toujours dit que, si
« jamais je le retrouvais, ce serait un indice irrécusable pour
« moi. D'après son embonpoint, son col, ayant pris une forte
« dimension, est resté tel qu'il était, aussi flexible.

« Sa tête était forte, son front large et découvert, ses yeux
« bleus, ses sourcils arqués, ses cheveux d'un blond cendré,
« bouclant naturellement. Il avait la même bouche que la reine

« et portait une petite *fossette* au menton. Sa poitrine était « élevée ; *j'y ai reconnu plusieurs signes alors très peu saillants,* « *et un particulièrement au sein droit.* La taille d'alors était « très cambrée et sa démarche remarquable.

« C'est, enfin, identiquement le même personnage que j'ai « revu, à l'âge près.

« Le Prince fut inoculé au château de Saint-Cloud, à l'âge « de deux ans et quatre mois, en présence de la reine, par le « docteur Joubertou, inoculateur des Enfants de France, et, « de la Faculté, les docteurs Brunier et Loustonneau. L'inocu- « lation eut lieu pendant son sommeil, entre dix et onze heures « du soir, pour prévenir une irritation qui aurait pu donner à « l'enfant des convulsions, ce qu'on craignait toujours. Témoin « de cette inoculation, j'affirme aujourd'hui que ce sont *les* « *mêmes marques* que j'ai retrouvées, auxquelles on donna la « forme *d'un triangle.*

« Enfin j'avais conservé, comme une chose d'un grand prix « pour moi, un habit bleu que le Prince n'avait porté qu'une « fois. Je le lui présentai en lui disant, pour voir s'il se trom- « perait, qu'il l'avait porté à Paris. — « Non, Madame; je ne « l'ai porté qu'à Versailles, à telle époque. »

« Nous avons fait ensemble des échanges de souvenirs qui, « seuls, auraient été pour moi une preuve irrécusable que le « Prince actuel est véritablement ce qu'il dit être : l'orphelin « du Temple.

« M. VEUVE DE RAMBAUD, *attachée au ser-*
« *vice du* Dauphin, duc de Normandie,
« *depuis le jour de sa naissance jusqu'au*
« 12 *août* 1792. »

Mme de Rambaud parle, dans cette déclaration, d'une lettre qu'elle a envoyée à Madame la Dauphine. Voici dans quels termes respectueux et fermes cette pièce importante est conçue :

« *A Son Altesse Royale Madame, duchesse d'Angoulême.*

« Madame,

« Celle qui aurait donné sa vie pour vos illustres parents « prend aujourd'hui, par devoir de conscience, la respectueuse « liberté de vous écrire pour vous assurer de l'existence de « votre auguste frère. Mes yeux l'ont vu, reconnu; des heures « passées avec lui m'en ont donné la plus entière conviction. « Une si précieuse conservation vient de la toute-puissance de « Dieu; c'est à genoux que je lui en rends grâces, en me disant « sans cesse que, s'il a bien voulu le conserver par sa volonté « même, c'est pour en faire un être de pacification générale et « de bonheur pour tous. Cette conviction, comme l'espérance, « vient de lui seul.

« Ses longs malheurs, sa résignation aux volontés de la Pro-« vidence et sa bonté sont au delà de tout.

« Celle de Votre Altesse Royale ne m'est pas moins néces-« saire pour m'assurer que je n'ai point trop osé, en exprimant « ce que mon cœur sent si bien pour ses souverains si légiti-« mement aimés de tous ceux qui ont conservé un cœur fidèle.

« C'est avec respect que je suis,

« de Votre Altesse Royale,

« la très humble et très obéissante servante,

« M. VEUVE DE RAMBAUD. »

« *P. S.* — Madame sait que j'ai eu l'honneur d'être attachée « au berceau de son auguste frère depuis le jour de sa naissance « jusqu'au 10 août 1792. » (Jules Favre, plaidoirie, p. 69-72.)

Je pourrais vous parler encore du voyage que Mme de Rambaud fit à Prague, en 1834, avec M. Morel de Saint-Didier, pour solliciter, mais en vain, une entrevue avec Madame la Duchesse d'Angoulême. Le récit de ce voyage, on peut le lire tout au long dans la plaidoirie de Jules Favre (p. 88 à 101), où l'avocat laisse constamment parler le témoin, M. Morel de Saint-Didier, qui raconte tous les détails de ses entrevues avec Madame la Duchesse d'Angoulême, le refus de celle-ci de recevoir Mme de Rambaud, et nous fait voir la police autrichienne éconduisant brutalement de Prague celle qui avait été (c'est indéniable) la berceuse du fils de Marie-Antoinette !

Croyez-vous que ce double affront, doublement immérité, va intimider cette courageuse femme déjà inclinée vers la tombe? Croyez-vous que l'attitude si superbe, si arrogante de la Duchesse d'Angoulême fera au moins surgir le plus léger doute dans l'esprit de cet incorruptible, de ce *providentiel* témoin de l'*existence* et de l'*identité* de Louis XVII ? — Non : la vérité est intransigeante ; quand elle trouve un abri dans les âmes fortes, comme celle de Mme de Rambaud, elle ne capitule jamais : et c'est après le voyage de Prague, le 15 décembre 1834, qu'en prévision de la mort, Mme de Rambaud fait la déclaration que vous connaissez, déclaration que, par une permission de Dieu, elle put renouveler et confirmer en 1837 devant la justice, peut-être devant les mêmes juges qui recevaient, certainement devant les mêmes qui avaient à apprécier les dépositions assermentées ! ! de Lasne et de Gomin ! ! !

Et vous voudriez qu'au nom de la raison d'Etat, les consciences honnêtes, quelque peu soucieuses du respect qu'on doit au témoignage des personnes qui ne se contredisent pas, qui ne craignent pas de « se compromettre », qui se laissent au besoin éconduire par la police comme des personnages « fort suspects », s'inclinassent devant un « considérant » ne prenant au sérieux que les déclarations mensongères et contradictoires des parjures *Lasne* et *Gomin*, pour rejeter ensuite comme « vague rumeur, futile présomption, induction hasardée » le témoignage judiciaire, les déclarations, les lettres et la conduite héroïque d'une noble femme que ses mérites, ses qualités avaient fait gouvernante d'un Fils de France, dès sa naissance jusqu'au 10 août ;... d'une femme qui devait, quarante ans plus tard, si bien justifier la mission sacrée qui lui avait été confiée ; d'une femme à laquelle, on peut le dire, la reine Marie-Antoinette semble avoir communiqué cet instinct maternel qui défie toutes preuves contraires lorsqu'il s'agit de reconnaître l'enfant qu'une mère a perdu ;... d'une femme, en un mot, qui a reconnu le Dauphin à tous les signes *physiques, moraux, intellectuels* auxquels l'aurait reconnu la reine Marie-Antoinette elle-même ! !

« Allez ! ! » ici déjà, ici surtout « vous devriez mourir de pure honte » (*Univers*, 22 février) : car vous avez voulu jeter de l'odieux sur une femme qui vous gênait ; n'osant pas reproduire ses paroles, vous l'avez exécutée avec tout l'aplomb, tout le sang-froid, avec toute la perfidie, tout le fiel d'un *Centuriateur*. — Pensez ce que vous voudrez : pour nous, Mme de Rambaud, planant au dessus des « vagues rumeurs, des futiles présomptions, des inductions hasardées », entrevues par la Cour de Paris à travers le prisme quelquefois séduisant, mais toujours trompeur de la raison d'Etat, pour nous, Mme de Rambaud est comme l'ange qui, renversant par son souffle la pierre du sépulcre où avait été enseveli le Sauveur du monde, rassure les premiers témoins de la résurrection, en même temps qu'il confond les gardes (les *Lasne* et les *Gomin* de l'époque) préposés par les « Juifs » de peur « que les disciples ne viennent, la nuit, dérober son corps... »

Conclusion : — Comme vous le déclarait l'honorable correspondant de l'*Univers* dans la lettre (ci-devant) du 10 février 1884, que j'eus l'honneur de remettre de sa part à M. E. Veuillot : « Mme de Rambaud ne pouvait être trompée, quand bien même « tout le monde l'eût été... j'apporte le témoignage officiel de la « dite dame, donc Naundorff était bien ce qu'il disait être : le « vrai fils de Louis XVI, Louis XVII en personne »... ! !

2° Mme Marco de Saint-Hilaire, anciennement attachée à Madame Victoire, tante du roi Louis XVI, attachée ensuite à l'impératrice Joséphine. — Vous me permettrez de vous dire, en passant, que ces deux dames, Mmes de Rambaud et Marco de Saint-Hilaire, ont dû *voir et connaître de plus près* le Dauphin que ne l'ont pu voir et connaître Gomin, fils d'un tapissier, tapissier lui-même, et Lasne, peintre en bâtiments, lors même qu'il serait vrai (ce qui n'est pas bien prouvé), que l'un a été *commandant de la garde nationale,* et l'autre (Lasne), *commandant en chef* du district des Droits de l'homme.

Mme Marco de Saint-Hilaire, comme Mme de Rambaud, a été entendue devant la justice. Voici sa déclaration, telle qu'elle a été faite devant le juge d'instruction du Mans, le 19 juillet 1837 :

« M. Bricon, imprimeur à Paris, avait été chargé d'imprimer « des mémoires de M. Naundorff. Il en parla à M. Geoffroy, « archiviste de la préfecture de Niort. Celui-ci, qui savait que « j'avais été attachée à la maison de Louis XVI, pensa que je « pourrais donner des renseignements utiles sur l'identité du « sieur Naundorff, et vint m'en parler. Je lui répondis que je me « souciais peu de voir M. Naundorff ; que Mme de Rambaud « était bien plus à même que moi de le reconnaître, puisqu'elle « appartenait à sa personne. Je lui donnai une lettre pour cette « dame. Mme de Rambaud fut voir M. Naundorff, et resta con- « vaincue, d'après l'entretien qu'elle eut avec lui, qu'il était le « duc de Normandie. Le 10 août 1833, elle l'amena chez moi. « Lorsqu'il y entra, je fus frappée de sa ressemblance avec « Louis XVI et la Reine. *Ce jour et depuis, j'ai eu avec lui des « conversations sur certains détails qui m'ont donné la conviction « qu'il était bien le duc de Normandie. Il me désigna, avec la « plus grande précision, les instruments de musique dont se ser- « vait ordinairement sa mère ; il m'indiqua même leur couleur « et la place qu'ils occupaient. Il m'a aussi rappelé le genre de « service de sa mère et les noms des douze femmes qui étaient à « son service.* Pendant trois ans il a fréquenté ma maison, il y a « mangé et couché ; ses relations n'ont fait que me confirmer « de plus en plus qu'il était le fils de Louis XVI.

« Du reste, tout ce que je viens de déclarer et tous les détails « qui me concernent ont été consignés dans une brochure que

« vous avez saisie, et dans les notes de mon mari qui font partie « aussi des papiers que vous avez saisis. » (Jules Favre, plaidoirie, p. 259.)

Pourriez-vous m'expliquer, Monsieur Veuillot, pourquoi le juge d'instruction du Mans n'a pas, sur-le-champ, ouvert une information contre ce témoin qui l'accusait à *brûle-pourpoint* de lui avoir saisi une brochure et des *papiers,* parmi lesquels se trouvaient des *notes* de son mari ? ? — L'attitude du juge établissant qu'il avait réellement saisi *brochure, papiers* et *notes* comme pouvant constituer un *corps de délit,* d'où vient que le témoin saisi n'a plus été recherché, que le juge est demeuré muet, et qu'il est probablement mort avec son secret, après avoir eu le soin (c'est coloré « d'une certaine vraisemblance ») de faire disparaître ce qu'il a dû considérer comme un corps de délit ? ? D'où vient cela ? — Vous n'en savez rien : ni moi non plus. — Passons ; car nous en serions réduits, l'un et l'autre, à de *futiles présomptions,* à des *inductions hasardées,* sans avoir même le bénéfice d'une *foule de vagues rumeurs.*

Comme Mme de Rambaud, Mme Marco de Saint-Hilaire avait fait, en juillet 1836, des déclarations qu'elle confirmait plus tard devant la justice, ainsi que vous venez de le voir. — Voici ce qu'elle déclarait le 10 juillet 1836 — ce qui suit est extrait de la plaidoirie de Jules Favre, p. 72 à 78 ; vous verrez que l'avocat a été très sobre de commentaires, et ne s'est pas étudié à « colorer d'une certaine vraisemblance, etc. »

« A côté de Mme de Rambaud se rencontre une de ses amies, nommée déjà par M. Geoffroy ; Mme Marco de Saint-Hilaire, une des femmes les plus distinguées de son temps. Voici ce qui en est dit dans les *Mémoires d'un Page de la cour impériale,* tome Ier, page 50 et 51 :

« Mme Marco de Saint-Hilaire, deuxième femme de chambre « de la maison de l'impératrice, était sans contredit une des « plus belles femmes de la cour. Elle joignait à un esprit cultivé, « à ses talents de plus d'un genre, une instruction solide et une « connaissance des usages et du langage de la cour que de très

« grandes dames étaient loin de posséder à un pareil degré. « L'empereur avait pour elle une vénération marquée. Nous « l'aimions beaucoup. Elle fit bien des jalouses; je pourrais « même dire des jaloux. »

« Ce jugement est confirmé par tous les historiens et par tous ceux qui l'ont connue.

« Ici, Messieurs, j'en suis convaincu, son nom ne sera accueilli qu'avec la sympathie qu'elle mérite à tous égards.

« Eh bien! elle a voulu, comme Mme de Rambaud, laisser un témoignage de sa conviction et en donner les raisons spéciales, qui ne sont pas celles rappelées par son amie, car il est à remarquer que chacune des convictions qui se sont formées s'appuie sur des motifs différents.

« Ecoutez maintenant ce que dit cette femme, dont il n'est plus besoin de faire l'éloge :

« A l'époque où le bruit de la mort du fils de Louis XVI « s'était répandu dans Paris, j'en fus d'autant plus surprise qu'à « peine j'avais entendu dire qu'il était malade. Une de mes « amies, dont l'espace de temps qui s'est passé m'a fait oublier « le nom, vint me prévenir de n'ajouter aucune espèce de foi « ni confiance à la mort du fils de Louis XVI ; *qu'elle avait la* « *certitude qu'il avait été enlevé, que je le reverrais un jour,* « mais d'en garder le secret. Depuis cette époque, j'avais donc « conservé dans mon cœur le sentiment de son existence. « Toutes les faussetés qui ont été mises en avant ne pouvaient « être faites sans but ; et, selon ma pensée, c'était la certitude « de l'existence du Dauphin ; mais que l'on avait l'intention de « faire disparaître et d'entortiller la vérité de manière à ce « qu'elle ne pût jamais être connue, en s'emparant de tout ce « que le véritable fils de Louis XVI pouvait avoir en sa posses- « sion ; ce qui, d'après les impostures des divers pouvoirs, « devait nécessairement rendre la reconnaissance impossible : « ce qui arrive aujourd'hui.

« J'avais souvent entendu parler de différents faux dauphins « résidant à Paris, sans que j'aie jamais eu un seul instant le

« désir de les connaître, persuadée comme je l'étais que la pre-
« mière chose que ferait le fils de Louis XVI serait de recher-
« cher ceux qui avaient été attachés à son père et à sa mère,
« et qui avaient pu le connaître dans son enfance.

« Lorsque M. Geoffroy, habitant Niort, vint me voir, le
« 14 août 1833, il m'annonça qu'il existait à Paris dans ce
« moment un individu se disant le fils de Louis XVI ; qu'il
« s'informait à tout le monde des personnes qui pouvaient
« exister encore ayant appartenu à sa famille, et désirait ardem-
« ment trouver *Pauline de Tourzel,* avec qui il avait été élevé.
« Cette dame est aujourd'hui Mme de Béarn, et sa mère était, à
« la cour de Louis XVI, gouvernante des Enfants de France.
« Ce désir me parut mériter attention ; et, pour réussir dans le
« projet que j'avais, sans vouloir néanmoins me compromettre
« dans une intrigue ou une fausseté, j'écrivis un petit mot à
« Mme de Rambaud, mon amie, pour accompagner M. Geoffroy
« et juger par elle-même de la vérité du personnage ; personne
« plus qu'elle ne pouvant s'en assurer, puisqu'elle ne l'avait
« pas quitté depuis sa naissance jusqu'au 10 août.

« Mme de Rambaud le reconnut, lui parla de nous et me
« l'amena le 19 août 1833, me donnant l'assurance que c'était
« bien lui. Elle entra chez moi la première, en m'annonçant
« qu'il me serait impossible de ne pas le reconnaître.

« Effectivement, mon mari et moi, nous ne tardâmes pas à
« reconnaître dans ce personnage, malgré une grande timidité,
« un peu de gêne, et sa difficulté à parler le français, qu'il avait
« tous les traits réunis de son père et de sa mère, particulière-
« ment le regard de Louis XVI, tellement frappant que pour
« nous il nous semblait avoir le roi en notre présence.

« Plus tard, le prince ayant pris plus de confiance, ayant
« trouvé des amis sûrs, dévoués, sa timidité et sa gêne dispa-
« rurent entièrement ; alors toutes les manières de son père se
« déployèrent chaque jour plus visiblement.

« Il était facile de reconnaître, dans sa structure physique,
« ce même enfant que j'avais vu jouer si souvent sur la terrasse,
« où donnaient les fenêtres de la princesse à laquelle j'avais

« l'honneur d'appartenir. J'engageai mon Prince à venir me « voir, et à prendre ma maison pour asile, jusqu'à ce qu'il eût « trouvé mieux : c'est là, dans des conversations particulières, « longues et réitérées souvent, *que le Prince m'a rappelé des « situations, des circonstances d'intimité entre sa famille seule, et « que je savais par les rapports que m'en faisait ma princesse.*

« *Le Prince m'a rappelé tout l'ameublement de l'appartement « de sa mère; les meubles et leur position; la structure et la couleur « des instruments de musique dont la reine se servait, enfin de « ces détails qui n'ont pu être sus ni connus de personne que de « ceux qui approchaient intimement la famille royale,* et qui « n'ont plus été à même de les revoir depuis elles-mêmes les « 5 et 6 octobre.

« Après la certitude entière, l'examen le plus scrupuleux, je « ne pus douter un seul instant de la vérité tout entière; c'est « alors que je crus devoir écrire à Mme la Dauphine, pour la « prévenir que nous avions eu le bonheur de retrouver son « frère. Notre famille était trop connue de Charles X pour « risquer une démarche semblable, si nous n'avions pas été « persuadés, M. de Saint-Hilaire et moi, de la vérité que « j'attestais. Nous n'eussions pas risqué de tromper la famille « royale dans une affaire aussi importante; et ils pouvaient « être eux-mêmes bien convaincus que nous étions incapables « d'entrer dans une intrigue.

« F. MARCO DE SAINT-HILAIRE.

« Versailles, ce 10 juillet 1836. »

« Certes, voilà un noble et beau langage ; que dirai-je donc de cette lettre que Mme Marco de Saint-Hilaire écrivit, comme elle l'avait annoncé, à Madame la Duchesse d'Angoulême :

« *A S. A. R. Madame, duchesse d'Angoulême.*

« Madame,

« *Depuis l'année* 1795, je n'ai cessé d'entendre dire que le « malheureux Dauphin, fils de Louis XVI, avait été sauvé du « Temple et qu'un autre enfant y fut introduit à sa place. Cet « espoir, qui était nourri dans le cœur de tout bon Français, « était devenu une croyance religieuse ; elle fut entretenue pour « moi à une époque où je fus placée auprès de *Joséphine, femme* « *de Bonaparte*. J'acquis alors la certitude que sa bonté, son « respect et son attachement à la famille royale de Bourbon « l'avaient portée, de convention *avec le ministre Fouché*, à sous- « traire le malheureux reste du sang de nos rois des cruelles « mains de son époux qui avait prononcé sa perte.

« Je pense, Madame, que ces bruits seront arrivés jusqu'à « Votre Altesse Royale. Mais la Providence ayant permis que « depuis quinze ans il se présentât plusieurs faussaires suscités « par une police coupable, la vérité n'était pas encore parve- « nue jusqu'à vous, malgré tous les renseignements que Votre « Altesse Royale a cherché à obtenir.

« Si je prends, Madame, la très respectueuse liberté de vous « adresser aujourd'hui cette lettre, c'est que j'ai la conviction « d'avoir retrouvé ce prince si regretté des Français. La Pro- « vidence a permis que je me trouvasse en rapport avec lui, et « pour tous ceux qui ont eu l'honneur de connaître le roi votre « auguste père, et la reine votre malheureuse mère, il est « impossible de méconnaître Louis XVII à la ressemblance « frappante que ses traits offrent avec ceux des augustes auteurs « de sa vie.

« Votre Altesse Royale, qui jusqu'à présent n'a point été à « portée de trouver la vérité, peut être assurée que Dieu a « permis qu'après tant d'années de recherches, nous soyons « enfin parvenus à la trouver.

« C'est aux pieds de Votre Altesse Royale que je la supplie, « avec tout le respect que je lui dois, de me pardonner la lettre « que je prends la liberté de lui adresser ; mais *Dieu, ma con-* « *science et le salut de mon âme* m'imposent l'obligation de la « prévenir que son malheureux frère existe et qu'il est avec « nous. J'ose assurer Votre Altesse Royale que *je crois à l'iden-* « *tité de ce malheureux Prince, comme je crois en Dieu et à son* « *divin Fils Sauveur du monde.*

« Je suis bien peu de chose, Madame, mais le feu sacré de « mon amour et de ma reconnaissance pour votre auguste et « trop malheureuse famille n'a jamais cessé de brûler dans mon « cœur. Malgré tous les malheurs qui m'ont été personnels, « je suis encore disposée à sacrifier le reste de ma triste exis- « tence, si elle peut être utile au fils de votre auguste père, que « Dieu, dans sa sainte miséricorde, semble m'avoir fait retrou- « ver pour me dédommager, à la fin de ma vie, de toutes les « douleurs que j'ai ressenties par la perte cruelle de mes « augustes maîtres.

« Je suis, Madame, avec le plus profond respect,

« de Votre Altesse Royale,

« la plus humble, la plus obéissante et la plus soumise
« servante,

« MARCO DE SAINT-HILAIRE,
« née BESSON,

« Anciennement attachée à Madame Victoire de France,
« tante du roi.

« *Versailles,* le 9 septembre 1833. »

A ces accents si pleins de noblesse et de cœur, si touchants, établissant avec tant de force la conviction d'une femme pure et honnête, il ne fut rien répondu.

Ici, encore, Monsieur Veuillot, vous n'avez vu que « vague rumeur, futile présomption, induction hasardée » : tout cela, d'après vous, reposerait « sur la foi d'un *on-dit,* impossible « à vérifier, né d'un autre *on-dit,* attribué par un troisième *on-* « *dit* à quelqu'un, mort, toujours, depuis très longtemps... » (*Univers,* 28 février) : ce sont les personnages dont nous venons de parler, et d'autres encore (nous le verrons tout à l'heure) « qui déclarent *timidement* que, somme toute, il n'est point « prouvé d'une façon manifeste que ce soit bien Louis XVII « qui soit décédé au Temple le 20 prairial an III ! (*Univers,* « 28 février.) — Mais *Lasne* et *Gomin,* ces « très honnêtes gens, « ils ont vécu fort honorablement ; ils ont mérité de recevoir « de personnages et de magistrats des éloges *authentiques et* « *sans réserve* (!!), nul n'a rien eu à leur reprocher (!!!) ; ils « ont fait preuve souvent (?) d'une intelligence au moins suffi- « sante » (???)... (*Univers,* 28 février.)

«... Jamais, encore une fois, jamais *Lasne* et *Gomin* ne se « sont démentis. » (*Univers,* id.)

Faut-il donc vous apprendre, Monsieur, que, si jamais le Dauphin n'eût reparu, peu importeraient les dissertations sur *la mort* au *Temple,* ou sur *l'évasion :* il n'y aurait, aujourd'hui, plus de *Maison de France,* ou, tout au moins, plus de *Bourbons aînés,* la question serait tranchée par ce principe de droit qui fait présumer *mort* celui qui, ayant disparu, compterait cent ans de vie depuis sa naissance.

L'évasion était une *tradition,* je vous l'ai prouvé par les pièces, les documents officiels et historiques mis par l'arrêt au rang d' « ouï-dire fort suspect » : l'*évasion* est devenue ensuite un fait matériel, sensible, visible, par la preuve de l'identité qui, incertaine un moment à cause des difficultés qu'elle avait à surmonter pour se faire jour, à cause des piéges tendus par l'exhibition ou la mise en scène des faux dauphins, éclate aujourd'hui comme le soleil, confond ceux qui la nient, et trouve des arguments en sa faveur, jusque dans les *considérants* d'un arrêt d'audience solennelle dont l'unique effet a été de l'empêcher de passer à l'état de *chose jugée.*

Lasne et *Gomin !* c'est la clé de tout votre système tendant à établir l'« *imposture des Naundorff* » : *Lasne et Gomin...* c'est le seul point sur lequel reposent les *dix-sept considérants* de la Cour de Paris tendant à établir que l'enfant décédé le 8 juin 1795, à la Tour du Temple, est le Dauphin.

Or, ces deux témoins, Lasne et Gomin, déjà mis en suspicion par les documents officiels et historiques qui constituent la *tradition* sur l'évasion, mis en suspicion (pour ne rien dire de plus) par leurs propres dépositions et déclarations assermentées, mensongères et contradictoires (je vous l'ai prouvé), ces deux témoins disparaissent et doivent disparaître honteusement devant les déclarations, les dépositions, les preuves écrasantes fournies, tant à la justice qu'à l'histoire, par ces deux nobles dames françaises qui s'appellent Mme de Rambaud, Mme de Saint-Hilaire, et dont je suis fier de venger ici la mémoire.

Oui, le témoignage de ces deux femmes de cœur suffit pour résoudre le problème qui nous occupe. — Il en était déjà un peu ainsi du temps de Jeanne d'Arc : on ne savait plus *où* il y avait le roi, Jeanne apparaît... il y eut lutte... combat... procès... condamnation... — Mais Jeanne eut raison de *tout* et de *tous*.

Saint Augustin disait déjà : *Ad fœminam causa revertitur :* Nous en sommes là aujourd'hui : *la cause est renvoyée* à la femme, c'est-à-dire à Mme de Rambaud, berceuse du Dauphin de France, à Mme Marco de Saint-Hilaire, confidente de Madame Victoire, tante de Louis XVI. — Inclinez-vous devant Lasne et Gomin, c'est peut-être votre métier... je m'incline profondément devant Mme de Rambaud et Mme Marco de Saint-Hilaire, c'est mon devoir...

3° A côté de Mme Marco de Saint-Hilaire figure son mari, ancien huissier ordinaire de la chambre du roi Louis XVI, qui déclare, à la date du 17 décembre 1834 :

« Je, soussigné, Marco de Saint-Hilaire, âgé de 76 ans, « ancien huissier ordinaire de la chambre du roi (Louis XVI),

« servant près de S. A. R. Madame Victoire de France, déclare « et certifie devant Dieu et devant les hommes :

« 1° Que le Prince *Charles-Louis,* duc de Normandie, né « le 27 mars 1785, de Louis XVI et de Marie-Antoinette, est « *existant,* et que depuis *seize mois* que je l'ai vu habituellement « j'ai été à même de m'en convaincre ;

« 2° Que maintenant et à raison du laps de temps qui s'est « écoulé depuis la mort de l'infortuné Louis XVI, il serait diffi- « cile de trouver d'anciens officiers de la maison du roi qui puis- « sent constater l'identité de ce Prince avec son auguste père, « parce qu'il ne suffit pas pour cela d'avoir vu Louis XVI, mais « qu'il faut encore l'avoir vu *journellement* et *dans son intérieur,* « ce dont les fonctions de ma place me donnaient la facilité ;

« 3° Que le Prince *Charles-Louis* a tous *les traits* de *sa fa- « mille,* les *manières,* les *habitudes,* les *goûts* de son auguste « père, qu'il en a également toutes les vertus, et que quiconque « l'a vu une seule fois et a eu le bonheur de s'entretenir avec « lui, ne peut, s'il n'a pas perdu tout souvenir de ses augustes « parents, et s'il est de bonne foi, mettre en doute son *identité;*

« 4° Qu'au nombre de ses souvenirs d'enfance, le Prince m'a « rappelé différentes dispositions et constructions qui existaient « dans le parc de Versailles et qui ont été détruites immédiate- « ment après la mort du roi, *et dont les personnes actuellement « âgées de* 40 *ans* n'ont jamais eu connaissance ;

« 5° Qu'enfin ma conviction est telle qu'il n'est au pouvoir « de personne de la détruire ;

« 6° Qu'en faisant cette déclaration, j'atteste en mon âme « et conscience que je ne suis mu par aucun autre sentiment « que celui de rendre hommage à la vérité et à la justice.

« Versailles, le 17 décembre 1834.

« MARCO DE SAINT-HILAIRE. »

« Quel autre sentiment, en effet, aurait-on pu prêter à ces respectables personnes, qui, arrivées aux limites de l'existence, ne demandaient rien à Dieu, si ce n'est la grâce de mourir aussi honorablement qu'elles avaient vécu? » (J. Favre, plaidoirie, p. 78 et 79.)

Encore ici, vous direz avec l'arrêt : « Futile présomption..., induction hasardée... » — Attaquez donc courageusement ce témoin, ce n'est plus une femme, et il ne vous sied guère d'enfouir sa déclaration, son témoignage, comme celui des deux précédents, sans en souffler mot. — M. Marco de Saint-Hilaire n'a pas eu, comme Lasne et Gomin, l'honneur d'avoir été garde national sous la Convention, il n'a pas cherché, comme eux, à prendre des galons, voire même l'épaulette, dans cette milice révolutionnaire, afin de pouvoir assurer *carrément* que, revêtu de son uniforme, il avait facilement pu voir le Dauphin aux Tuileries... pardon... seulement « dans le jardin » y attenant. — Non, M. Marco de Saint-Hilaire est plus modeste, il n'avait été qu'huissier ordinaire de la chambre du roi Louis XVI, servant près de S. A. R. Madame Victoire de France. Grâce à ces *modestes* fonctions, il voyait le Roi *journellement et dans son intérieur;* il voyait beaucoup plus le Roi, il a *dû* cependant voir aussi quelquefois le Dauphin, et d'un peu plus près que les deux *gardes nationaux* ci-dessus.

Au moment de sa déclaration, M. Marco de Saint-Hilaire voyait « habituellement le duc de Normandie depuis *seize mois* ». — Il constate « l'identité de ce prince avec son auguste père » ; il constate que « le prince Charles-Louis a tous les *traits de sa* « *famille,* les manières, les habitudes, les goûts de son auguste « père... » — Il découvre en lui la physionomie physique et, ce qui est plus significatif encore, *la physionomie* morale de Louis XVI : comme les deux témoins précédents, il découvre, chez cet *homme* qui n'a pas l'*accent français,* la mémoire intime du Dauphin enfant : cet homme, ce « Juif prussien », comme vous l'appelez, rappelle à M. de Saint-Hilaire « différentes dispositions et « constructions qui existaient dans le parc de Versailles et qui « ont été détruites immédiatement après la mort du Roi, et « *dont les personnes actuellement* âgées de *40 ans* n'ont jamais « eu connaissance... »

Induction hasardée... n'est-ce pas, Monsieur Veuillot, ou futile présomption... si vous le préférez... — Mais vous nous avez dit qu'aux déclarations « des vieillards, qui, après un demi-« siècle, ou peu s'en faut, sont venus contempler (*Univers*, « 12 avril) *d'un œil affaibli* un homme mûr, et ont proclamé « qu'ils reconnaissaient en lui l'enfant qu'ils avaient vu « au « moins quarante ans plus tôt » vous préfériez une foule de « vagues rumeurs », je veux dire trente ou cinquante gardes nationaux qui, « ayant vu le Dauphin soit à Versailles, soit aux Tuileries, affirmèrent le reconnaître sur son lit de mort au Temple... » — je crois plutôt que c'est « d'un œil affaibli » que vous avez dû contempler vos trente ou quarante gardes nationaux relégués, par l'arrêt qui fait vos délices, au simple rang de « vagues rumeurs », et que, pour les petites nécessités du métier auquel vous vous êtes livré, vous avez eu besoin de donner pour cortége à *Lasne* et *Gomin* qui, avec ou sans eux, ne se tiennent plus debout.

Eh bien ! vos *deux gardes nationaux* et leur suite s'évanouissent devant le souffle de ce vieillard dont la mémoire est sûre, dont « l'œil » n'est pas plus « affaibli » que la mémoire, dont la conscience est à l'abri de tout soupçon, et dont le caractère est resté noble et indépendant. Lui aussi, comme tous les autres témoins du duc de Normandie, avait à braver le respect humain, le ridicule, les qu'en dira-t-on, etc.: il termine sa déclaration en disant : « J'atteste en mon âme et conscience que je « ne suis mu par aucun autre sentiment que celui de rendre « hommage à la vérité et à la justice. »

Auriez-vous pu insérer au bas de tous vos articles et au dessus de votre signature, une attestation conçue dans *les mêmes termes ?*

Honneur à M. Marco de Saint-Hilaire, dont « l'œil affaibli » a cependant imposé silence à M. Pierre Veuillot au sujet de la déclaration qu'on vient de lire.

4me témoin :... Avancez !... auriez-vous dû dire lorsque vous les traduisiez tous en *bloc* à votre tribunal par les deux courts alinéas que vous avez bien voulu leur consacrer dans votre article du 12 avril. Ce quatrième témoin, c'est encore une femme, et, qui plus est, une Anglaise : elle s'appelle Catherine « Hyde, marquise de Broglio-Solari, anciennement attachée « au service de S. M. Marie-Antoinette et de la princesse de « Lamballe, et connue sous le nom de *la petite Anglaise.* »

Elle déclare ce qui suit :

« Aujourd'hui, le 6 juillet 1840, par devant Me John Sise Venn, notaire public à Londres, dûment admis et juré, se trouvant à Camberwell Green, n° 8, près Londres, et les deux témoins soussignés, qui ont attesté l'identité de la comparante, fut présente Mme Catherine Hyde, marquise de Broglio-Solari, anciennement attachée au service de S. M. Marie-Antoinette, reine de France, et de Mme la princesse de Lamballe ; laquelle, comparant en présence de moi, notaire, et des dits témoins, a déclaré solennellement comme suit, savoir :

« Moi Catherine Hyde, marquise de Broglio-Solari, ancien- « nement attachée au service de S. M. Marie-Antoinette et de « la princesse de Lamballe, et connue sous le nom de *la petite* « *Anglaise,* je déclare ce qui suit :

« 1° Que, me trouvant à Bruxelles avec mon mari, le mar- « quis de Broglio-Solari, ministre de la République de Venise, « pendant l'hiver de 1803, *nous fûmes invités à dîner chez Barras,* « *un des ex-directeurs de la République française.*

« Bonaparte étant devenu le sujet de la conversation *entre* « *mon mari et Barras,* ce dernier, un peu échauffé par le vin, « s'écria : « Je vivrai pour voir pendre ce scélérat de Corse, « à cause de son ingratitude envers moi, qu'il a exilé ici pour « l'avoir fait ce qu'il est : mais il ne réussira pas dans ses pro- « jets ambitieux, car *le fils de Louis XVI existe.* » *Ceci se* « *passait en* 1803. A cette époque le préfet Pontécoulant avait « reçu l'ordre de ne laisser visiter Barras que par les étrangers ;

« 2° Que mon mari et moi, nous étions présents à la vente « que fit cet ex-directeur au général Moreau de la terre de

« Grosbois, anciennement appartenant au comte de Provence, « fait que je cite ici comme une preuve de l'intimité de Barras « avec mon mari, qu'il appela à signer au dit contrat de vente ;

« 3° Qu'ayant passé quelque temps avec Hortense, reine de « Hollande, à Augsbourg, vers l'année 1819 ou 1820, elle me « confirma, dans plusieurs conversations, l'évasion du Dauphin « du Temple ; et qu'entre autres choses elle me dit que, lorsque « l'empereur Alexandre et le roi de Prusse allèrent visiter « Joséphine, ils lui dirent : « Qui mettrons-nous sur le trône de « France ? » Et Joséphine leur répondit : « Naturellement, le fils « de Louis XVI ; »

« 4° Qu'ayant appris à Londres qu'un personnage, demeu- « rant à Camberwell, se disait être le fils de Louis XVI, je « sollicitai une audience et, l'ayant obtenue, j'ai acquis la ferme « et parfaite conviction, par les faits qui sont venus à ma con- « naissance et par *les preuves que S. A. R. m'a données, que lui,* « Charles-Louis, duc de Normandie, autrefois connu sous le « nom de Naundorff, est le véritable fils de Louis XVI et de « Marie-Antoinette, reine de France. Je m'empresse donc d'of- « frir à S. A. R. cette présente déclaration, affirmant devant « Dieu et devant les hommes que tout ce qu'elle contient est « l'exacte vérité.

« En foi de quoi j'ai signé :

« CATHERINE HYDE,

« Marquise de Broglio-Solari, native d'Angleterre. »

(J. Favre, plaidoirie, p. 171-172.)

Au sujet de cette déclaration, je suis presque d'accord avec vous. « Vagues rumeurs... », n'est-ce pas ? et vous me renvoyez à l'arrêt de la Cour de Paris. — « Rumeurs » au moins cela, oui : « vagues », non : n'insistons pas. — Il s'agit, dans cette déclaration, « de Barras », qui nous ramènerait à Laurent et à ses lettres, dont je ne veux plus parler : puis il s'agit aussi de la reine Hortense, cette reine qui fut, je crois, la mère d'un Empereur (que l'*Univers* a connu) très hostile à la cause de Louis XVII en 1851 : il s'agit encore, dans cette déclaration, de l'empereur Alexandre, du roi de Prusse qui, allant visiter *Joséphine* (une ancienne impératrice), lui disait : « Qui mettrons-nous sur le trône de France? » — Joséphine répond : « Naturellement, le fils de Louis XVI... » — Et personne n'a arraché la langue, n'a coupé la main droite à cette ancienne amie de la reine Marie-Antoinette et de la princesse de Lamballe, à cette « petite Anglaise » devenue la femme du marquis de Broglio-Solari, ministre de la république de Venise!! Elle voit le « prince à Camberwell ; elle le reconnaît pour tel » par les preuves que Son Altesse Royale lui a données... elle s'empresse de lui offrir cette présente déclaration, affirmant devant Dieu et devant les hommes que tout ce qu'elle contient est l'exacte vérité !!...

Monsieur Pierre Veuillot, faites avancer de nouveau *Lasne*, *Gomin*, et les trente ou quarante gardes nationaux... votre position est menacée... — Mais non, rassurez-vous, il n'y a pas encore dans cette déclaration une des « quelques vaines marques d'une possession d'état à l'étranger » ; nous sommes encore dans la série des « vagues rumeurs... » *Barras, la reine Hortense, L'Empereur Alexandre, le roi de Prusse, Joséphine, Catherine Hyde, marquise de Broglio-Solari,* connue aux Tuileries sous « le nom de la *petite Anglaise*... tout cela... vagues rumeurs. »

5me témoin... *Je m'appelle Marcoux, ancien huissier de la chapelle du roi Louis XVI, je n'ai jamais été garde national, je n'ai aucun lien de parenté ni d'intérêt avec les nommés Lasne et Gomin, dont je n'ai entendu parler, du reste, qu'à propos des déclarations singulièrement étranges, et visiblement contradictoires, qu'ils ont faites devant la justice en 1834, 1837 et 1840, et plus tard à M. de Beauchesne, leur écrivain non à gages, au sujet de la prétendue mort du Dauphin au Temple.*

Tout ce que j'ai à dire se trouve consigné dans une déclaration par moi dictée et signée (quand j'étais vivant), le 15 octobre 1856 à Breda. Cette déclaration se trouve tout entière dans la plaidoirie de Jules Favre aux pages 260 à 263, après la déclaration faite devant le juge d'instruction du Mans, en 1837, par M. Marco de Saint-Hilaire, que j'ai eu l'honneur de connaître (quand nous étions vivants tous les deux). Depuis que je suis mort je n'ai rien à changer à cette déclaration ; au contraire, je m'applaudis de l'avoir faite aussi sincère, car, à mon lit de mort, je me sentais à ce sujet la conscience bien en paix, je vous l'assure, autrement je ne serais pas ici, car vous savez qu'on ne revient pas de l'enfer, pas même pour rétracter un faux serment ou un mensonge pernicieux. C'est à peine si, pour aider au triomphe de la vérité, on peut s'absenter quelques secondes du séjour des bienheureux, et de ce séjour intermédiaire où je souhaite qu'aient pu se rencontrer tous ceux qui ont menti, trompé les hommes, la justice, ou trompé la vérité relativement à la prétendue mort du Dauphin au Temple. C'est tout ce que j'ai à dire...

Le témoin veut se retirer. *(Une voix, pas celle de Le Chartier): Pardon : Avez-vous connu M. de Joly? Est-il bien vrai qu'il vous ait affirmé qu'il avait réellement reconnu le Dauphin, fils de Louis XVI, en la personne de... Naundorff l'imposteur, le Juif prussien, le... — Marcoux interrompant : Pour vous satisfaire, je vous rapporterai en partie ma déclaration, m'en référant pour le reste à ce qui a été imprimé comme venant de moi, dans la plaidoirie de Jules Favre, aux pages indiquées. Donc voici ce que j'affirme de nouveau, en présence du public qui m'écoute, et du Dieu qui m'a jugé :*

« Je connaissais Mme la comtesse de Mauvoir qui, si je ne me « trompe, demeurait dans la rue des Augustins, à Paris. Ayant « eu l'occasion de la voir à une date que je ne saurais préciser « aujourd'hui, je lui parlai de ma conviction et de mes rapports « avec le duc de Normandie. Elle fut fort étonnée de mon lan- « gage et me déclara qu'elle ne pouvait partager mes senti- « ments. Nous nous vîmes plusieurs fois ; je lui donnai tous les « renseignements qui parvenaient à ma connaissance. Tous ces « détails excitaient son émotion, et elle finit par me dire : « Se-

« rait-il bien possible que le Prince ne fût pas mort? J'avoue que « ce que vous me dites me porte à croire que vous avez raison d'y « croire. » Et elle fondait en larmes en me faisant cet aveu. « J'en atteste Dieu ! Madame, lui répondis-je ; le fils de « Louis XVI existe. »

« Alors elle me dit : « Je connais M. de Joly, dernier mi« nistre de la justice sous Louis XVI ; peut-être pourrait-il « appuyer les réclamations du Prince et concourir à le faire « reconnaître ? Je lui en parlerai. »

« Quelque temps après, Mme de Mauvoir me rapporta qu'elle « avait vu M. de Joly ; qu'elle lui avait parlé du duc de Nor« mandie ; que la conversation avait été fort animée, et que ce « ministre lui avait dit avec une grande colère : « Comment ! « vous aussi, Madame, vous voulez proclamer dans la société « une erreur déplorable, pour diviser le parti légitimiste, quand « tout le monde sait que le fils de Louis XVI est malheureu« sement bien mort ? Envoyez-moi l'homme qui vous égare, et « je l'aurai bientôt détrompé. »

« Quel fut mon étonnement lorsque Mme la comtesse me fit « part de cette conversation ! J'habitais Versailles ; avant de « retourner chez moi, je me présentai aussitôt à la demeure de « M. de Joly. Ce fut lui qui me reçut. Ne le connaissant pas, je « lui demandai si je ne pourrais pas parler à M. de Joly. « C'est « moi, Monsieur, me répondit-il ; que me voulez-vous ? » Je « m'annonçai comme venant de la part de Mme la comtesse de « Mauvoir ; il me fit entrer dans son cabinet et renvoya son « secrétaire. Quand nous fûmes seuls, il me dit : « Mme de « Mauvoir m'a assuré que vous croyez à l'existence du fils de « Louis XVI ? — C'est vrai, Monsieur, répliquai-je. — Mais, « ajouta-t-il, on ne peut pas sans démence croire à pareille « chose. Personne ne doute de la mort du Dauphin. J'ai de « nombreux fragments d'histoire de divers auteurs qui ont écrit « l'histoire de la Révolution, et tous prouvent qu'il est mort. — « Ils n'ont pas plus que moi été témoins de son décès, repartis« je ; ils ont écrit sur des *on-dit.* » Je ne puis reproduire en « détail toutes les particularités de notre entretien. Je lui racon-

« tai tous les faits dont j'étayais ma croyance. Il insista pour « me démontrer que j'étais la dupe d'une intrigue qui avait pour « but de semer la division dans le parti légitimiste. Je lui répon- « dis que, si j'étais dans l'erreur, c'était de la meilleure foi du « monde; que s'il pouvait m'en convaincre, je ne résisterais pas « à l'évidence. La discussion que nous eûmes ensemble nous « laissa chacun dans notre opinion, et nous nous quittâmes brus- « quement, probablement, pensais-je, pour ne plus nous revoir.

« Je fus donc excessivement surpris, lorsque, dans un nou- « veau voyage à Paris, au bout de quelque temps, ayant revu « Mme de Mauvoir, elle me prévint que M. de Joly désirait « encore causer avec moi, pour me prouver jusqu'à l'évidence « que j'étais dans l'erreur en croyant que le fils de Louis XVI « était vivant. Je lui répondis que je ne demandais pas mieux « que d'être éclairé et que j'irais chez M. de Joly. Quand il « me vit, il me dit : « Je vous ai fait prier de venir, parce que « vous me semblez de bonne foi, et je veux vous désabuser. « Pourrais-je voir votre prétendu Prince? » Sur ma réponse « affirmative et l'assurance que je lui donnai que le Prince « recevait tout le monde, et particulièrement les Français, il « fut convenu que j'irais m'informer si le personnage était visi- « ble ce jour-là même et à quelle heure. M'étant rendu chez « le Prince, il fut enchanté de savoir qu'il allait se trouver en « présence d'un ancien ministre de Louis XVI, et me dit de « le lui amener à quatre heures, ajoutant : Vous serez présent « à l'entrevue; je veux que vous soyez témoin de ce qui va « se passer.

« A l'heure fixée, M. de Joly et moi nous allâmes trouver « le Prince. Arrivés dans la maison où il logeait, on nous fit « entrer au salon et on le prévint que nous étions là. Un « instant après, il se présenta accompagné de quelques per- « sonnes dont j'ai oublié le nom. Je me lève et j'annonce « le Prince à M. de Joly. Il se lève et regarde attentivement « le personnage qui s'avançait vers lui, et lui dit : « On m'a « informé que vous aviez servi mon père, mon ami? » Le « Prince qualifiait ainsi du nom d'ami toutes les personnes qui

« l'abordaient. M. de Joly lui répondit : « C'est possible, Mon-
« sieur. » Le Prince lui dit de s'asseoir et s'assit lui-même en
« face de lui. Aussitôt la conversation s'engagea sur le fait de
« l'existence du fils de Louis XVI. Afin de s'assurer si le per-
« sonnage avait des souvenirs exacts sur des faits que sa
« mémoire avait pu conserver, M. de Joly prenait à tâche de lui
« en signaler, en les rapportant tous à rebours de la vérité.
« Mais le Prince le contredisait aussitôt en rectifiant les erreurs
« volontaires du ministre. Je ne me rappelle pas précisément
« aujourd'hui, avec détail, toutes les circonstances de cette in-
« téressante entrevue, dont le résultat fut tout à l'avantage du
« Prince. Il me parut que ses souvenirs ne lui faisaient pas
« défaut ; car M. de Joly les écouta attentivement et ne fit pas
« la moindre observation pour en contester la réalité. Il fut
« particulièrement question du transfert de la famille royale des
« Tuileries à l'Assemblée nationale. Je me rappelle parfaitement
« que M. de Joly expliqua au Prince intentionnellement contre
« la vérité, comment la salle était éclairée ; et que le Prince
« lui répondit aussitôt : « Vous vous trompez, mon ami, je me
« souviens qu'il y avait de grandes fenêtres. » Je crois même,
« sans être trop sûr, qu'il ajouta qu'elles étaient grillées. Je
« n'ai point non plus oublié que M. de Joly lui dit ensuite :
« Vous vous êtes presque toujours promené, » et que le Prince
« lui répliqua : « Non, mon ami, j'étais sur les genoux de ma
« mère ; je m'y suis même endormi. » Enfin, j'ai encore la
« certitude que M. de Joly dit : « Vous avez demandé un
« morceau de pain à manger ; » et que le Prince lui répondit :
« Je ne me rappelle pas avoir tenu ce propos ; mais je sais que
« je me suis plaint de la faim et que j'ai mangé de la soupe. »

« M. de Joly, en se retirant, dit au Prince : « J'ignore qui
« vous êtes ; tout ce que je puis attester, c'est que vous ressem-
« blez à une personne que j'ai bien connue. » « Parce que je
« suis la vérité, » répliqua le Prince. « Ce n'est pas là toujours
« une raison, repartit M. de Joly ; car j'ai trois enfants, dont
« deux me ressemblent beaucoup, et l'autre ne me ressemble
« pas, quoique je croie en être le père. »

« Ce fut un lundi que cela se passait. C'est de cette manière « que la conversation s'était longtemps prolongée entre les « deux interlocuteurs. On se donna rendez-vous pour le mer- « credi suivant. Je n'assistai pas à cette conférence. Ayant « reconduit M. de Joly chez lui, je lui demandai : « Franche- « ment, que pensez-vous du personnage que vous venez de « voir? — Je ne suis pas convaincu, me répondit-il ; mais ce « que je puis vous dire, c'est qu'il a le verbe, les gestes et la « démarche de Louis XVI, et ce sont de ces choses qui ne « s'imitent pas. — Eh bien, lui dis-je, vous me faites plaisir de « me dire cela. « Nous nous quittâmes avec promesse de nous « revoir. Peu de temps après, étant allé à Paris, je fus voir « M. de Joly. Quelle fut ma surprise quand, lui ayant demandé « s'il avait revu le Prince, il me répondit : « Oui, et c'est bien « le fils de Louis XVI ! » Et moi je lui dis ironiquement : « Comment, Monsieur de Joly, et vous aussi, vous voulez « diviser le parti légitimiste ! — Ah ! me répondit-il, vous avez « le droit de rire de moi ; car, si je n'avais pas entendu de mes « oreilles et vu de mes yeux, je n'aurais jamais cru. Mais, « maintenant, rien au monde ne pourrait détruire, dans mon « esprit, son identité avec le fils de Louis XVI ; car tout ce « qu'il m'a dit était à ma connaissance, et *ne pouvait être su* « *que du Dauphin et de moi*. » Voilà ma déclaration faite à « Breda, le 1er octobre 1856. »

Sur ce, l'ombre de Marcoux disparaît : un monsieur qui ressemble trait pour trait à M. Pierre Veuillot, dont le visage, à l'apparition du témoin Marcoux, s'était subitement altéré comme s'il eût vieilli, en une seconde, de trente ou quarante ans, et dont « l'œil » s'était subitement « affaibli », comme celui de M. Marco de Saint-Hilaire et autres vieillards, ce monsieur (nous ont rapporté deux témoins, « très honnêtes gens », d'une ressemblance parfaite, l'un avec le portrait de *Gomin* en 1840, l'autre, avec celui de *Lasne* en 1795, portraits que M. de Beauchesne a cru devoir faire reproduire aux pages 241 et 288 de son livre), ce monsieur pousse un profond soupir de soulagement en voyant disparaître l'ombre du dit Marcoux, et, se tournant vers le public tout impressionné encore par les paroles sorties de la bouche d'un revenant de l'autre monde, il s'écrie magistralement :

Vous le voyez, c'est toujours la même chose... vagues rumeurs... futiles présomptions... inductions hasardées... vaines marques d'une possession à l'étranger (l'autre monde)... Vivent Lasne et Gomin, vivent les trente ou quarante gardes nationaux... à bas Marcoux... à bas les im..... — Soudain un bruit mystérieux se fait entendre, venant à la fois des rives de la Seine, des montagnes de la Suisse, des bords de l'Escaut et du Zuyderzée... l'historien est pris d'un nouveau vertige en articulant ces derniers mots *à bas... les... imp...;* il s'évanouit entre les bras de ceux qui l'entourent (on n'a jamais su, au juste, si c'est entre les bras du témoin qui ressemble au portrait de Gomin en 1840, ou du témoin qui ressemble au portrait de Lasne en 1795 : on n'a pas su davantage quelles paroles entrecoupées s'échappaient de la poitrine haletante du pauvre malheureux... A-t-il dit : Sortez-moi... d'ici... où je ne puis... respirer! a-t-il persisté à dire encore, dans un suprême effort : A bas... à bas les imp...? — Les dépositions même assermentées des témoins ci-dessus sont contradictoires à ce sujet. — Ce qui paraît, sinon certain, du moins très probable, c'est que la victime de cet affreux cauchemar n'a pas dit avoir entendu une musique céleste... — La foule s'était retirée silencieuse.) — La toile tombe.

6me témoin. — « Du reste, disiez-vous, Monsieur P. Veuillot, « avant l'*évanouissement* de vos *contes les plus insensés* », du « reste, si Naundorf (*Univers,* 12 avril) a eu de nombreux par- « tisans, il ne faut pas s'imaginer pour cela qu'il en ait eu « autant, et de si haut placés, qu'il l'a prétendu. Par exemple, « il rangeait parmi ses fidèles M. de Joly, ancien ministre de « Louis XVI, et la *survivance* ne manque pas de faire sonner « bien fort l'importance d'un tel témoignage ». — Pardon, ce témoignage, nous ne le faisons pas « sonner » plus fort que les autres ; seulement, comme je vous surprends la main dans le sac, avec la prétention de nous le voler, ce témoin, sous le couvert et la responsabilité de *Pierre d'Attente,* que vous appelez, par son vrai nom, M. le vicomte Oscar de Poli, en reproduisant tout au long la sornette qu'à la suite d'autres sornettes, il a jadis débitée dans le *Clairon* (1), j'ai cru bien faire d'évoquer tout d'abord l'ombre de Marcoux, ancien huissier de la chapelle du roi Louis XVI.

Généralement les voleurs ont peur des ombres, des fantômes ; les ombres leur causent la même frayeur que ces mannequins disposés dans un champ de blé, après la moisson, causent aux moineaux vulgairement appelés pierrots. Voleurs et pierrots sont donc généralement peureux ; et pour nous voler Monsieur de Joly, vous empruntez son gant à M. Oscar de Poli.

Avant d'en venir à M. de Joly, mort en 1837, nous avons donc fait parler un autre mort, l'huissier Marcoux, et avant celui-ci, d'autres morts, rien que des morts. Est-ce que cela vous étonne ? Pour mon compte, je vous avoue que je crois surtout au témoignage des morts ; j'ai toujours cru que l'histoire enregistrait surtout le témoignage des morts, je crois qu'en somme elle n'enregistre que ces témoignages-là. — Ce sont toujours les plus sûrs, car, même aux yeux du Code civil, ces témoignages ont pour eux, outre la date certaine, le privilége d'être irréformables : ils ont l'inconvénient, c'est vrai, de pouvoir être altérés quelquefois par les « Centuriateurs », dont la race est aussi ancienne que les plus anciens monuments historiques, mais cet inconvénient n'est que passager, et il finit ordinairement par mettre plus en relief le témoignage attaqué, nié, passé sous silence, ou simplement altéré. A propos de l'histoire de l'Eglise, de l'histoire des Papes, du droit du seigneur, etc., Louis Veuillot a démontré cent fois, mille fois la vérité de cette proposition. Sans suspecter le témoignage des vivants, tenons-nous-en au

(1) Je ne parle pas de celles qu'il nous a fait l'honneur de nous adresser dans une lettre, reproduite par la *Légitimité*, lettre à laquelle il a été répondu. Voir la *Légitimité*, n[os] des 20 juillet, 27 juillet, 3 août, 10, 17 et 24 août 1884.

témoignage des morts, c'est suffisant, et c'est toujours plus sûr. Si ces témoignages ressemblent aux témoignages de *Lasne et de Gomin,* tant pis pour ceux qui les ont rendus, et pour ceux qui s'en prévalent : si ces témoignages sont nets, clairs, précis, invariables, comme ceux de Mme de Rambaud, Mme Marco de Saint-Hilaire, M. Marco de Saint-Hilaire, Mme la marquise de Broglio-Solari, Marcoux, M. de Joly, M. de Brémont, etc : si, avec cela, l'honorabilité des personnes, leur position spéciale pendant qu'elles rendaient témoignage, leur position spéciale relativement aux faits sur lesquels elles formulent leur témoignage, arrivent à former dans ce qu'il a de plus complet ce *criterium de certitude* qui constitue la *vérité*, *toute la vérité,* alors tant mieux pour ceux qui ont rendu ces témoignages, ils sont *historiens* véridiques au point de vue du *fait*... — Tant mieux pour ceux à qui ces témoignages profitent, ils sont *saufs;* aucune note simplement grossière ou calomnieusement infamante ne peut les atteindre... oui, tant mieux pour ceux-là : mais tant pis encore une fois pour ceux que cette vérité démontrée gêne, offusque, jette dans le trouble en les faisant volontairement persévérer dans l'erreur.

Cette digression terminée, arrivons à notre sixième témoin, M. de Joly, ancien ministre de Louis XVI.

Je ne sais pas si M. Oscar de Poli vous l'a laissé ignorer, mais je dois vous dire que M. de Joly est le seul des témoins de l'*identité* du duc de Normandie dont « l'œil » se soit réellement « affaibli » avec l'âge. Après avoir eu avec le duc de Normandie de longues et fréquentes entrevues, dont les premières ont été rapportées par Mme de Rambaud, et spécialement par Marcoux, M. de Joly devint presque aveugle peu de semaines après l'expulsion du *prince* sous Louis-Philippe, en 1836, et ne put écrire autant qu'il l'eût voulu.

Vous avez dû lire dans la *Légitimité* du 26 mars dernier, le passage suivant d'une lettre adressée au « Prince », à Londres, par Mme de Rambaud :

« Paris, ce 12 septembre 1836.

« Cher Prince,

«... Je vais voir le plus souvent possible M. Joli (*sic*). Il « vient d'être opéré. S'il *n'y voit pas avec ses yeux,* encore y « voit-il bien clair... il est d'une grande perspicacité et clarté « dans l'affaire qui doit se juger, et qui fait à la fois son tour- « ment et son espoir... »

Ce détail insignifiant pour vous dont « l'œil », non pas « affaibli » mais louche, ne sait voir certaines choses que de travers, ce détail explique très naturellement pourquoi on ne rencontre pas dans le dossier du procès des lettres, des déclarations émanant directement de M. de Joly, comme on en rencontre émanant des autres témoins. M. de Joly, depuis le départ du Prince pour l'Angleterre, ne pouvait donc plus écrire, il dictait les lettres qu'il adressait à « l'illustre proscrit », et se contentait de les signer. — Une de ces lettres a été insérée dans un des numéros de la *Légitimité* (20 mars 1885, pages 219, 220) que vous avez entre les mains ; je me dispense de la reproduire, comme je me suis dispensé de reproduire les lettres de *Laurent*, quoique toutes les circonstances de la cause établissent que cette lettre n'est pas plus apocryphe que ne le sont celles attribuées à Laurent, et qu'il n'y a aucun motif plausible de supposer qu'elle a pu être fabriquée.

Vous savez ce qu'ont rapporté Mme de Rambaud et Marcoux, huissier de la chapelle du roi Louis XVI, au sujet de M. de Joly. — Or, M. de Joly est mort fidèle à sa conviction. Jules Favre l'établit aux pages 80 et 81 de sa plaidoierie, en invoquant l'autorité de M. Xavier Laprade dont, pour abréger, il ne cite que partiellement le témoignage. Pour votre satisfaction, je vous livre intégralement (en ce qui concerne M. de Joly), ce témoignage de M. Xavier Laprade, confirmé par celui de M. l'abbé J.-B. Laprade, son frère. — Ces témoignages sont extraits du journal *La Légitimité* (numéro du 12 avril 1885, p. 237 et suivantes) :

« M. de Joly est mort fidèle à sa conviction, comme M. Jules Favre va nous le dire :

« Un homme nous a donné, dit-il, des indications précieuses, M. Xavier Laprade. Il a connu M. de Joly, l'a vu peu de temps avant sa mort, avec un magistrat de Marseille, et voici, racontée par lui, la scène dont il a été témoin. »

« M. Jules Favre n'ayant donné que très partiellement le témoignage de M. Xavier Laprade, nous croyons devoir le donner en entier, du moins en ce qui concerne M. de Joly. Nous aurons l'occasion, plus tard, de citer le commencement de ce remarquable témoignage :

« ..... Parmi les témoins de l'identité du prince, un des plus respectables et des plus importants a été assurément M. de Joly, ancien et dernier ministre de la justice de l'infortuné monarque Louis XVI. J'ai connu particulièrement M. de Joly depuis 1836 jusqu'à sa mort, arrivée à la fin de l'année suivante : je le voyais tous les jours, et souvent je lui ai servi de secrétaire. J'affirme hautement la gravité et la sainteté du témoignage de M. de Joly, car il nous a raconté bien des fois sa réserve et ses précautions pour n'être pas le jouet d'une intrigue.

« Dans la confrontation qui avait eu lieu, lorsqu'on décida M. de Joly à voir ce personnage, quelques détails particuliers, relatifs à la journée du 10 août, à la sortie de la famille royale des Tuileries, à leur marche jusqu'à l'Assemblée Nationale, à des particularités minutieuses qui s'étaient passées dans la loge de *Logographe*, où la famille royale s'était renfermée pendant cette terrible séance, ne laissaient pas d'accord les deux interlocuteurs. Le personnage précisait des faits avec opiniâtreté et ne voulait pas céder ; M. de Joly maintenait au contraire ses souvenirs avec la même fermeté. M. de Joly rentre chez lui, prend un cahier manuscrit où il avait, à cette époque-là, consigné des faits dans lesquels il avait été témoin et acteur, et il se trouva toujours que, toutes les fois qu'il y avait eu désaccord, c'était lui-même qui avait fait confusion, qui s'était trompé ; le personnage qu'il a reconnu pour être positivement le fils de Louis XVI, avait toujours eu raison ; ses souvenirs avaient toujours été fidèles.

M. de Joly n'a pas voulu mourir sans laisser une déclaration écrite. Il était devenu aveugle dans les derniers mois de sa vie ; il dicta deux copies de sa déclaration faite sous la foi du serment avec la solennité d'un testament. M. Pierrelet, son secrétaire ordinaire (1), et moi, nous écrivîmes chacun une copie. Quand il eut fini de dicter, il nous les fit collationner et il en écouta la lecture avec recueillement : puis il nous demanda à les signer, et nous lui indiquâmes, en dirigeant sa main, où il devait apposer sa signature ; il y mit aussi son cachet en cire. Il nous les fit mettre ensuite sous enveloppe, et en présence de sa femme qu'il fit appeler, ces pièces furent déposées dans un tiroir de son secrétaire qu'il indiqua.

« M. de Joly avait peu pratiqué la religion pendant sa vie : cependant, quelque temps avant de mourir, il tourna son esprit vers elle ; il montra les sentiments les plus chrétiens. M. des Genettes, curé des Petits-Pères, le visita fréquemment, et fit honneur de cette conversion à l'institution de la confrérie qu'il a fondée dans son église. Un des hommes les plus sincèrement pieux que j'aie jamais connus, M. Charles Verger, ancien procureur du Roi, aujourd'hui juge au tribunal civil de Marseille (2),

(1) A l'audience du 20 février 1874, M. Jules Favre offrit de faire entendre à la cour un témoignage qui doit être celui de M. Pierrelet fils :

« Il existe dans une étude de Paris un clerc dont le père a été le secrétaire de M. de Joly. Il a affirmé souvent, comme le tenant de son père, comme l'ayant entendu dire lui-même à M. de Joly, que ce dernier avait acquis la certitude de l'identité du fils de Louis XVI avec le personnage déguisé sous le nom de Naundorff, à des révélations de particularités intimes qui ne pouvaient être connues que de lui, M. de Joly, du roi Louis XVI, de la reine Marie-Antoinette et du Dauphin. »

(2) Aujourd'hui simple avocat au barreau de Marseille. Il était trop honnête homme : aussi, il a été « épuré ». On peut le consulter. — Nous lisons dans une lettre de M. Xavier Laprade au Prince, en date du 23 janvier 1837 : « La police a su que M. Verger était passé par Boulogne avec une vingtaine de volumes. L'inspecteur et le commissaire ont reçu une forte réprimande... » C'était l'*Abrégé des Infortunes du Dauphin* que

vint visiter M. de Joly, peut-être quinze jours avant sa mort. Il lui demanda si dans ce moment il pourrait bien jurer que son témoignage en faveur du fils de Louis XVI était vrai de tous points; s'il ne lui restait aucun doute; s'il n'avait rien à rétracter. J'étais présent. M. de Joly écouta M. Verger, qu'il connaissait déjà, et répondit lentement :

« — Je sais, mes amis, que je vais paraître devant Dieu qui « me jugera, et ce n'est pas dans ce moment surtout que je « voudrais risquer de vous tromper. Eh bien! JE JURE encore « que c'est bien le fils de mon malheureux maître, que c'est « bien le Dauphin que j'ai reconnu. Si ce n'était pas lui, ce « serait un ange ou le diable; mais Dieu ne permet pas de mira- « cles pour nous tromper. »

« M. Verger lui dit qu'il avait voulu s'assurer par lui-même qu'il n'avait pas rétracté son témoignage; car quelques personnes en avaient fait courir le bruit. M. de Joly protesta aussitôt avec force, et il maintint les mêmes sentiments jusqu'à sa mort... »

« Poitiers, le 26 mai 1851.

« Xavier LAPRADE, avocat. »

M. Verger passait ainsi en fraude, en revenant de visiter le Prince en Angleterre. Voici du reste sur le rôle de M. Verger, en cette affaire, un témoignage compétent que nous trouvons dans la *Légitimité* du 23 novembre 1883 (p. 882), celui de Mme Léon Verger, née Ernestine de Rambaud. Il a l'avantage d'être aussi un écho fidèle des convictions de M. de Joly et de Mme de Rambaud :

« Avignon, 26 janvier 1884.

« Monsieur le Curé,

« Je m'empresse de satisfaire à votre demande. Mme de Rambaud, ma grand'mère, a en effet reconnu Louis XVII dans la personne du prétendant Nauendorff, et elle n'en n'a pas reconnu d'autres. Richemont, il est vrai, s'est fait présenter à elle; mais, à ma connaissance, il n'est rien résulté pour ce personnage de cette entrevue. Quant au père de mon mari, M. Casimir Verger, qui habitait Avignon, il n'a jamais été mêlé dans cette affaire; mais son frère Charles, qui s'en était beaucoup occupé, a connu M. de Joly, que j'ai vu moi-même chez ma grand'mère, et qui, comme elle, a attesté ses convictions.....

« Veuillez agréer, etc.

« L. VERGER, née de RAMBAUD. »

« Nous ne pouvons plus faire entendre M. de Joly, qui est mort, continue M. Jules Favre, mais nous avons les témoins de ses derniers moments, et parmi eux se rencontrent quelques membres du clergé de Notre-Dame-des-Victoires, et à leur tête leur vénérable pasteur, le digne abbé des Genettes (1), lequel, poussé par les sentiments les plus honorables, voulut à cette heure suprême sonder une dernière fois la conscience du moribond, et avec cette douce autorité qui était un privilége de son ministère et de sa sainteté, il lui posa ces questions : « Est-il bien « vrai que vous ne vous soyez pas trompé?... Prenez garde, « mon fils!... Votre erreur pourrait être contagieuse. Elle entraî- « nerait dans le mal les âmes crédules!... Elle pourrait devenir « le prétexte de démarches scandaleuses!... » Et alors le vieillard se redressa sur son lit, et d'une voix ferme il répéta les déclarations positives qu'il avait déjà faites à M. Verger. Peu après, il rendit son âme à Dieu.

« Voilà comment M. de Joly a certifié, à côté de Mme de Rambaud, de Mme Marco de Saint-Hilaire et de M. Marco de Saint-Hilaire, qu'il avait reconnu le fils de Louis XVI dans le personnage présenté sous le nom de Nauendorff. »

Nous avons même un témoignage de M. de Joly postérieur à celui qu'il a rendu devant le saint abbé Dufriche des Genettes, et donné entre son administration et son dernier soupir. Nous le trouvons dans une lettre que M. l'abbé Laprade (frère de l'avocat, M. Xavier Laprade), adressa à M. de la Barre pour le procès de 1874. Nous la transcrivons sur l'original :

« Mazerolles (Vienne), le 15 janvier 1872.

« Voilà déjà bien des années que, retiré dans ma modeste

(1) On lit dans *Louis XVII vengé*, par M. de Stenay (Collin-la-Herte), une relation d'un M. H. d'E..., où il dit, page 185 : « Plus tard, j'eus l'occasion de faire voir cette lettre de M. le vicomte Théodore de Bussière, ex-attaché d'ambassade, à M. l'abbé des Genettes, curé de Notre-Dame-des-Victoires, à Paris, et ce vénérable prêtre me dit : « Les Français ont « la mémoire courte. Ils devraient se rappeler que le fils de Louis XVI « a été sauvé du Temple ! » On voit que la conviction de M. de Joly avait gagné son confesseur.

paroisse de campagne, je reste étranger aux révolutions qui agitent le monde... Cependant, le temps, qui emporte tant de choses, n'a altéré ni mes souvenirs, ni mes affections. J'ai eu le loisir de les repasser dans mon esprit, de comparer les faits et de les vérifier. Je me suis rappelé les anciens serviteurs du roi Louis XVI : M. de Joly, son ancien ministre de la justice ; Mme de Rambaud, l'ancienne femme de chambre du Dauphin ; M. et Mme Marco de Saint-Hilaire ; M. de Brémond, dont la croyance à l'identité du duc de Normandie était si fortement motivée. Je n'ai pas besoin de les citer, puisque leurs témoignages sont restés historiques. Mais vous me permettrez de vous raconter une circonstance qui m'est personnelle, à l'égard de M. de Joly.

« Ce respectable vieillard m'avait raconté, comme à plusieurs autres, à quels souvenirs communs entre lui et le fils seul de Louis XVI, il l'avait reconnu en la personne de Charles-Guillaume Nauendorff. Je ne demeurais point alors à Paris ; mais, y étant venu un jour, on me dit que M. de Joly était bien malade et qu'il avait reçu, dans la matinée, les derniers sacrements. Je me hâtai d'aller le voir. L'ancien ministre avait toute sa connaissance et l'esprit parfaitement lucide : il était calme sur son lit. Alors il me raconte qu'il a communié le matin des mains de son curé, le saint abbé des Genettes, et que ce dernier avait fait tout son possible pour lui faire rétracter son témoignage : mais que, loin de céder à ce conseil, contraire à sa conscience, il a voulu consigner ce même témoignage dans un testament politique déposé par lui dans un tiroir de son secrétaire.

« En m'en donnant la clé, il me prie de lui lire son écrit pour voir avec moi s'il n'a point oublié quelque circonstance importante. « Vous êtes prêtre aussi, vous, mon cher abbé, me dit-il, et vous devez m'aider à soutenir la vérité et la justice ! » J'accomplis religieusement la demande de ce respectable vieillard. Je lus ce testament que je ne connaissais pas auparavant. Tout y était conforme à ses récits, avec la différence toutefois de la solennité testamentaire qu'il leur avait donnée, commençant par l'invocation du Père, et du Fils, et du Saint Esprit, Trinité sainte dont il demande la grâce, en se rappelant que bientôt il comparaîtra devant son redoutable tribunal, pour être jugé particulièrement sur l'acte qu'il accomplit en ce moment.

« Qui pourrait mettre en doute ce témoignage suprême d'un chrétien mourant?

« Je replaçai le testament dans le lieu où je l'avais pris. J'attachais à cette pièce, parfaitement authentique, parfaitement raisonnée, une très haute valeur. Mais, hélas! d'autres que les amis du Prince en avaient la même estime. Car, à peine M. de Joly eut-il rendu le dernier soupir que le testament fut soustrait. Les amis du Prince n'ont jamais pu se le faire rendre. Quand le pouvoir est intéressé à séduire et à corrompre, pour tuer ou voler tout ce qui lui fait ombrage, les moyens ne lui manquent jamais. Si le duc de Normandie eût été reconnu par les tribunaux sous le règne de Louis-Philippe, M. le comte de Paris ne serait certainement pas aujourd'hui l'héritier du trône. Les gens d'iniquité prévoient de loin.

« Le Prince perdait donc ainsi l'un de ses amis les plus fidèles, la lumière de ses conseillers, l'un de ses plus précieux témoins.....

« J.-B. Laprade, curé de Mazerolles. »

MM. Laprade, l'abbé (1) et l'avocat (2), vivent encore, et sont prêts à certifier avoir reçu le témoignage de M. de Joly mourant.

Si, à toutes ces déclarations unanimes, concordantes, précises, qui, après s'être maintenues pendant plus d'un demi-siècle à travers toutes les contradictions de mes adversaires, sont énergiquement confirmées à l'heure présente par trois personnes vivantes, M. Xavier Laprade, M. Charles Verger, ancien magistrat, et M. l'abbé J.-B. Laprade, si, à ces déclarations, vous préférez le « truc généralement sans risque » découvert par M. le vicomte Oscar de Poli, c'est votre affaire.

(1) A Mazerolles, par Lussac-les-Châteaux (Vienne).
(2) Avenue Trudaine, 25, à Paris.

Continuons :

7me témoin. — M. Brémond, secrétaire particulier du roi Louis XVI, témoin également passé sous silence par vous, Monsieur Veuillot, et récusé aussi par M. de Poli (Oscar) comme n'ayant pas laissé « de trace » de son existence. Dans sa lettre à l'auteur de la brochure *Où est la Maison de France ?* (V. *Légitimité*, 30 août 1884, p. 499), M. Oscar de Poli a osé écrire : « Il n'y a pas de trace d'un Brémond secrétaire de Louis XVI, « et certaines déclarations de ce personnage, incontestablement « mensongères, nous donnent à penser ou qu'il fut un compère, « ou qu'on abusa de sa sénilité ou de son nom. »

Ce témoin a été entendu par le tribunal civil de Vevey (Suisse) en 1837, en vertu d'une commission rogatoire de M. Zangiacomi, juge d'instruction près le tribunal de la Seine. M. le vicomte de Poli (Oscar) en sait donc plus long que M. Zangiacomi, le juge qui mandait au tribunal de Vevey d'entendre M. Brémond en sa qualité : il suppose, M. le vicomte, que le tribunal civil de Vevey abusa de la « sénilité » ou du « nom » de « ce personnage » dont « il n'y a pas de trace », pour en obtenir « certaines déclarations incontestablement mensongères. »

Vous avez raison, Monsieur Veuillot ; croyez seulement, sur parole, M. le vicomte de Poli (Oscar). Souffrez cependant que, sur la foi des juges du tribunal de Vevey, nous vous garantissions l'authenticité des dèclarations assermentées de M. Brémond, ancien secrétaire de Louis XVI.

Jules Favre consacre neuf pages de sa plaidoirie (264-273) au témoignage de M. Brémond, mais comme, sur ces neuf pages, il y en a trois qui ne sont pas guillemetées, vous pourriez croire que Jules Favre, « passé maître dans l'art de colorer, etc. », m'a séduit par « l'autorité » de ses « périodes », je vais extraire les déclarations assermentées de M. Brémond de l'ouvrage *Un crime politique* (1), que vous avez entre les mains, l'ayant reçu d'un de vos abonnés de Lyon. Si vous conservez le moindre

(1) *Etude historique sur Louis XVII*, par Otto Friedricks. Bruxelles.

doute sur l'authenticité de ces déclarations assermentées, vous pouvez vous adresser au greffe du tribunal de Vevey, et vous serez délivré de tout scrupule.

On lit dans l'ouvrage précité, *Un crime politique*, pages 287 et suivantes :

Deux séances avaient déjà été consacrées, le 16 et le 24 octobre 1837, à la prestation de serment et autres formalités préliminaires.

Voici le procès-verbal de la troisième séance :

« EN COMMISSION D'INFORMATION.

« Le 1er novembre 1837.

« *A neuf heures du matin*,

« *Présidence de* M. DU BOCHET.

« Assistant : MM. les juges Dupont et de Montet, le gref-
« fier, les huissiers servant.

« Brémond, enquis :

« *I.* — Connaissez-vous la personne connue sous les noms
« de Charles-Guillaume Naundorff, et qui se dit Charles-Louis
« de Bourbon, duc de Normandie et fils de Louis XVI ?

« *R.* — Je déclare la connaître personnellement et je vais
« faire le récit de tout ce que je sais la concernant.

« Puis M. Brémond a déposé un long mémoire manuscrit,
« ainsi que trois pièces à l'appui, et a demandé d'être admis à
« en faire lecture par-devant la commission ; ce qui lui ayant
« été accordé, M. Brémond a fait lentement lecture des susdits
« mémoire et pièces, en accompagnant cette lecture de réflexions.

« A midi et quart, la commission a décidé de renvoyer la suite
« de cette affaire à samedi prochain, quatrième novembre, à neuf
« heures.

« M. Brémond a pris l'engagement de se présenter à cette
« séance-là : il a été prévenu que *des questions précises* seraient

« posées sur l'objet dont il s'agit, et qu'il serait invité à y répon- « dre *catégoriquement,* sauf à requérir, s'il le désire, transcription « au procès-verbal des écrits, pièces et documents qu'il jugera « utiles à la cause, et à déposer telles pièces à l'appui que bon « lui semblera. »

Maintenant quelques extraits de la quatrième séance :

« EN COMMISSION D'INFORMATION.

« Le 4 novembre 1837.

« *A neuf heures du matin.*

« *Présidence de* M. DU BOCHET.

« Assistant : MM. les juges Dupont et de Joffrey, le greffier, « les huissiers servant :

« M. Jean-Baptiste-Jérôme Brémond se présente et déclare « être encore prêt à répondre, sous le poids du serment qu'il a « prêté, aux questions qui lui seront adressées relativement à « l'affaire dont il s'agit.

« Puis M. Brémond enquis :

. . . .

. . . .

« *I.* — A quoi avez-vous reconnu le Prince ?

« *R.* — *En particulier en ce qu'il connaissait la cachette faite* « *par son père dans le palais des Tuileries ; cachette que* LUI SEUL « *pouvait connaître, comme ayant été* SEUL PRÉSENT *lorsque son* « *père l'a fermée ; de plus, par plusieurs autres détails que le* « *Prince m'a communiqués* et qu'il s'est réservé de rendre pu- « blics lui-même. *Les détails qu'il m'a donnés sur la cachette des* « *Tuileries sont pour moi une preuve évidente de l'identité de la* « *personne.*

« *I.* — Comment avez-vous eu connaissance de la cachette « des Tuileries ?

« *R. — Par S. M. le Roi Louis XVI,* auquel je fis observer,
« par l'entremise de M. de Monciel, alors Ministre de l'Intérieur,
« que l'armoire de fer qui recélait des papiers secrets, pouvait
« être découverte dans des temps de malheur, et qu'il fallait
« enlever de là ce qui était convenable ; *le Roi répondit* que cela
« était déjà fait, et que, voulant prévenir le cas de sa mort, il
« avait déposé, *dans une cachette secrète, faite en présence de son*
« *fils* SEUL, les documents authentiques dont son dit fils aurait
« besoin un jour pour sa conduite. C'est M. de Monciel qui m'a
« rapporté la réponse du Roi.....

« Je sais de plus, par le Prince lui-même, qu'il a en sa posses-
« sion *la clé de la cassette* en fer, faite par son auguste père,
« qui était un des plus habiles artistes en serrurerie ; que *lui seul,*
« Prince, possède *le secret de l'ouvrir même avec la clé,* c'est-
« à-dire qu'aucune autre personne ne pourrait l'ouvrir même
« avec la clé...

« Ce que relu, M. Brémond l'a ratifié par sa signature.

Signé : « BRÉMOND père. »

TENEUR DES PIÈCES DÉPOSÉES. — MÉMOIRE DE M. BRÉMOND.

« Après lecture faite du rogatoire inséré au protocole, le com-
« parant a dit :

« Je regrette que le gouvernement français ait choisi la voie
« qu'il prend pour éclairer sa justice ; je déplore surtout que le
« magistrat français invoque mon témoignage pour éclairer sa
« justice, *dans une cause qu'il dit être chargé d'instruire contre*
« *M. Naundorff,* se disant fils de Louis XVI, *comme prévenu*
« *d'escroquerie.* Il regrettera sans doute d'être tombé dans une
« telle erreur, et, *après avoir entendu mon témoignage, il sollici-*
« *tera ses supérieurs de l'autoriser à le brûler, en gémissant du*
« *triste rôle que sa position l'a soumis à jouer.*

« Cependant, je vais remplir mon devoir et dire la vérité
« devant Dieu et devant les hommes, de ce que je sais être la

« vérité. D'après le rogatoire, je dirai d'abord, comme ayant été « secrétaire du Roi Louis XVI et honoré de sa confiance, que le « Roi était informé du plan des conjurés, de proclamer la répu- « blique en l'enfermant au Temple avec sa famille ; qu'il a été « envoyé à la Cour d'Autriche trois Mémoires à ce sujet, par « son agent de confiance auprès de la Reine, M. le Comte de « la Marck;

« Que le Roi choisit des serviteurs de confiance pour veiller « sur le Temple et avoir les moyens de le servir avec sa famille, « en cas de besoin; qu'*un des chefs de ses observateurs était un « de mes amis, nommé M. Thor, dit la Sonde;* qu'en 1820, me « trouvant à Paris, j'ai vu dans un des salons du faubourg « Saint-Germain un des neveux de feu mon ami, qui assurait « que, se trouvant dans un château de son oncle, en 1797, il y « vit un jour arriver son oncle dans sa calèche avec un jeune « enfant de l'âge environ de onze à douze ans, cheveux blonds « et bouclés, et d'une très belle figure; que son oncle le fit loger « dans sa chambre; que, dans la journée, il ne le quittait pas, « et en lui parlant le nommait M. Auguste; qu'après un séjour « de quelques semaines, il partit dans la nuit avec cet aimable « enfant, et quelques jours après, il revint seul; qu'il lui dit « alors : Tu as eu le bonheur de voir le jeune Dauphin sauvé du « Temple, gardes-en le secret.

. . . .

« Je confirme ici tout ce qui m'est personnel, sur la manière « dont j'ai reconnu en sa présence, dans le prétendant, le véri- « table fils de Louis XVI. *Je déclare solennellement, devant Dieu « et devant les hommes, qu'il n'existe sur la terre que le véritable « fils de Louis XVI qui eût connaissance de la cachette mention- « née, ayant été* SEUL *avec son auguste père, lorsqu'il y fit le dépôt « de la cassette;* j'ajouterai pour S. A. R. Madame la Duchesse « d'Angoulême, pour la désabuser de toutes les erreurs avec « lesquelles on a surpris sa bonne foi, *que la cassette* qui ren- « ferme les souvenirs des martyrs ses augustes parents, a été « fabriquée de la main du Roi Louis XVI, qu'elle *a été cachée « en présence de son frère seul, et qu'il n'y a que lui seul sur la*

« *terre qui connaisse le lieu où elle est déposée, et qu'elle présente*
« *un moyen certain pour elle de reconnaître son frère, car elle a*
« *dû être informée au Temple qu'une cachette existait aux Tuile-*
« *ries, et par les fouilles qu'on y a faites pendant le premier*
« *séjour de Louis XVIII à Saint-Cloud.*

« J'ajoute encore que Son Excellence *M. l'avoyer de Steiger*
« *de Berne me fit appeler pour me dire qu'il avait été informé,*
« *par des courriers expédiés des généraux vendéens à Vérone,*
« que le jeune Prince *n'était pas mort au Temple, mais qu'on*
« *l'avait au contraire sauvé de prison.*

« Environ *trois mois après cette nouvelle, M. de Steiger me la*
« *confirma en m'assurant qu'il venait de recevoir des renseigne-*
« *ments très certains de l'évasion du Temple du Royal Orphelin.*

« Je sais encore que *le gouvernement autrichien possède sur*
« *cet objet un document des plus précieux. Un de mes amis,* feu
« M. P..., que Son Excellence M. Thugut employait comme
« son secrétaire particulier, *m'a déclaré avoir tenu ce document*
« *entre ses mains dans le cabinet de ce ministre. C'était un procès-*
« *verbal de l'enlèvement du Temple du jeune Louis XVII...* »

« ..... Je vais démontrer à présent que le fils de Louis XVI,
« sauvé du Temple, ne pouvait pas trouver de protecteurs dans
« ses oncles, qui ont régné en sa place, sous les noms de
« Louis XVIII et de Charles X. Après le retour du malheureux
« voyage de Varennes, le roi se trouva comme prisonnier
« avec sa famille, au château des Tuileries, et l'Assemblée
« constituante se divisa en trois opinions plus ou moins pas-
« sionnées, dans lesquelles le mot de république fut la première
« fois prononcé. Dans les conseils du Roi, il se trouva aussi
« trois opinions différentes sur le plan qu'il y avait à préférer.
« Avant de se déterminer dans son choix, le roi Louis XVI
« voulut, en son particulier, faire secrètement la tentative de
« se réconcilier avec le roi d'Angleterre, Georges III. M. le
« comte de Mercy-d'Argenteau, ambassadeur d'Autriche à sa
« cour, fut chargé de cette délicate négociation. Il se rendit
« en Angleterre et, dans une audience particulière qu'il obtint
« de Georges III, il lui présenta une lettre autographe de

« Louis XVI, dans laquelle ce roi exprimait vivement ses « regrets de s'être égaré au point de soutenir des sujets rebelles « contre leur souverain légitime, reconnaissant que Dieu l'avait « sévèrement puni en permettant la rébellion des Français « contre lui-même. Il lui demandait son amitié.

« *Un traité secret fut conclu, par lequel le roi d'Angleterre « prit des engagements solennels, qu'à ma connaissance il a per- « sonnellement tenus ;* soit pour délivrer Louis XVI et sa famille « de la prison du Temple après la bataille de Jemmapes ; soit « pour protéger la vie et les droits de son fils, devenu orphe- « lin, contre les divers conjurés qui pouvaient lui nuire. *Mais « en Angleterre il y a deux pouvoirs : celui du roi et celui du « premier ministre de son gouvernement ; ils ne sont pas toujours « d'accord dans leurs actes.* J'en ai donné un exemple dans ma « lettre à Mme de Génerès :

« Aux yeux de l'observateur attentif, le Roi des Français « n'est que l'héritier des crimes dont tous les gouvernements « de l'Europe sont coupables, l'Angleterre à la tête ; et s'il « veut se convaincre de cette vérité, qu'il daigne faire appeler « auprès de lui M. le prince de Talleyrand, et qu'il lui demande « ce qui s'est passé entre lui et moi en 1792, à Londres, im- « médiatement après la victoire de Jemmapes, pour enlever du « Temple Louis XVI et sa famille, et nous les livrer hors du « territoire français. Si la mémoire du vieux diplomate est « fidèle, il lui dira qu'il fixa la somme de six millions à dépo- « ser à la banque de Londres et appartenant à Dumouriez, « le jour où le Roi et son auguste famille seraient arrivés hors « du territoire français, pour récompenser les hommes qu'il « aurait employés à cette belle œuvre. L'ambassadeur d'Au- « triche, n'ayant pas de fonds pour cette opération, s'adressa au « Roi Georges III, qui donna sa parole royale de faire le dépôt « de la somme le lendemain, se réservant de prendre l'avis de « son ministre M. Pitt, à qui il avait promis de ne rien faire « d'important sans l'en prévenir.

« Je croyais l'affaire arrangée et, sur le rapport que j'en fis

« à M. de Talleyrand, il me répondit : *Si M. Pitt est consulté,* « *l'affaire est manquée : elle le fut.*

« ..... Cependant *toutes les cours de l'Europe* étaient infor- « mées de la conjuration du *Comte de Provence, par des notes* « *officielles que Louis XVI leur avait fait remettre* par son « ancien ministre, le baron de Breteuil, et *ils y avaient déféré en* « *plaçant le corps des émigrés à l'arrière-garde de leur armée* « *d'invasion, sans leur permettre de pénétrer sur le territoire* « *français.*

« D'après toutes ces notions, *il est donc évident* que, pour « échapper à la force des raisons qui prouvent et l'existence du « duc de Normandie et l'identité du réclamant, *masqué sous* « *le nom de Naundorff,* on ne peut se réfugier, *ni dans la bonne* « *foi politique des diplomates et des ministres des Rois; ni dans* « *les sentiments des Princes de sa famille, qui se sont mis à sa* « *place.* . . . .

. . . .

« J'ai exposé, dans ma lettre à M. Arthur Berryer, mon opi- « nion sur les causes des révolutions en France, sur les acteurs « qui les ont faites, et sur les résultats existant *d'un Roi de* « *droit, dans la personne de l'Orphelin du Temple,* fils des mar- « tyrs Louis XVI et Marie-Antoinette, et *masqué par la poli-* « *tique prussienne sous le nom de Charles-Guillaume Naun-* « *dorff;* et d'un Roi de fait dans la personne de Louis-Philippe, « Roi des Français..... »

La déposition de M. Brémond se termine ainsi :

« Je finis mon récit en résumant mes opinions, et je dis que « l'existence de l'Orphelin du Temple, fils de Louis XVI et de « Marie-Antoinette d'Autriche, est aujourd'hui un fait histo- « rique.

« Toutes les puissances de l'Europe et l'Autriche, l'Angle- « terre, la France et la Prusse en particulier, en ont la preuve « dans leurs archives. . . . .

. . . .

« Si l'on veut sincèrement en France éclairer la justice, si

« l'on veut véritablement réparer ses torts; que l'on examine « et que l'on juge consciencieusement lequel, du Roi ou du « Gouvernement français, *a déchiré la charte et l'a foulée aux « pieds, en enlevant un citoyen français de devant le tribunal de « juges auprès desquels il demandait légalement sa réintégra- « tion dans ses droits civils, et en le faisant arbitrairement dépor- « ter dans l'étranger*. Ce citoyen c'était le Royal Orphelin du « Temple, *le Roi très chrétien et légitime de France et de Na- « varre*...

« ... C'est à vous, à présent, Roi des Français, à examiner *les « causes* qui vous ont porté sur le trône de France et à les juger. « Si vous voulez briser l'épée de Damoclès qui vous menace, « il faut commencer à briser le nœud gordien des crimes euro- « péens..... et vous placer au dessus de tous les Rois, par *le « plus grand acte de justice qu'un Roi puisse faire*...

« Je demande qu'il me soit donné deux copies authentiques « du protocole, dont une pour l'auguste Orphelin du Temple, « Monseigneur Charles-Louis de Bourbon, Duc de Normandie, « et qu'il en soit délivré une au conseil d'Etat, pour qu'il juge, « dans sa sagesse, s'il est convenable de la communiquer au « directoire fédéral, pour en donner communication à tous les « gouvernements de la Suisse, et à toutes les légations accrédi- « tées en Suisse. Dans un pays libre comme la Suisse, tout ce « qui se passe devant les tribunaux entre nécessairement dans « le domaine public. Je n'entrerai en discussion avec personne ; « mais, si on ne publie pas ma déposition dans sa teneur litté- « rale, je me réserve de la publier moi-même.

Signé : « BRÉMOND père. »

« La commission a décidé que l'opération requise par la lettre « du département de justice et police de ce canton, en date du « 14 octobre 1837, ainsi que la commission rogatoire, datée de « Paris le 12 août 1837, étant terminées, il y a lieu de clore le « présent procès-verbal.

« Un double de ce procès-verbal sera, selon le prescrit de la

« susdite lettre, transmis au département de justice et police du « canton de Vaud.

« Sur la demande de M. Brémond, le greffier de ce tribunal « a été autorisé à lui expédier un second double du procès-ver- « bal, lorsqu'il en fera la réquisition expresse.

« Expédié sous les signatures requises.

Signé : « Du Bochet, président.
« Saml Guillaume, greffier. »

Suivent les légalisations et autres signatures obligées.

Voilà les déclarations de ce témoin dont « il n'y a pas de de trace ». Voilà *les déclarations de ce personnage qui donnent « à penser* (à M. Oscar de Poli) ou *qu'il fut un compère, ou « qu'on abusa de sa sénilité et de son nom...* »

A vos deux témoins Lasne et Gomin (trois, y compris Damont), je viens d'en opposer sept, après avoir laissé parler à leur aise Lasne, Gomin et Damont. Si, malgré toutes ces déclarations que vous connaissez, il vous plaît de faire croire à vos lecteurs que « Gruau » a puisé « sans vergogne dans les romans de Lamothe-Langoy » ; s'il vous plaît de leur faire croire que « toutes les affirmations produites par Gruau, Jules Favre s'est « empressé de les admettre comme paroles d'Evangile, même « quand elle étaient contradictoires, sans prendre simplement « la peine d'étayer sa confiance plus ou moins sincère de quel- « ques vérifications..... » (*Univers*, 19 avril) : si, après cela, il vous plaît de dire avec emphase que « les partisans de nos im- « posteurs (*Univers*, id.) ont revêtu, chacun selon ses talents, « cette mie de Gruau d'une croûte plus ou moins appétissante » (*Univers*, id.), je vous déclare, au nom de tous (Le Chartier exclu), que nous sommes fiers d'être la « croûte » de cette « mie »; je vous déclare que sur cette « croûte » vous userez toutes vos dents sans pouvoir y mordre, que dans cette « mie » il n'y a pas le moindre levain qui puisse altérer la substance. Quant à cette

« croûte », dont, « selon vos talents », vous avez revêtu cette « mie » que vous avez si péniblement ramassée dans tous les coins, pour en faire la plus indigeste et la « moins appétissante » des pâtes, quant à cette « croûte », à l'heure présente, elle est déjà sèche ; demain, elle sera moisie... les rats eux-mêmes n'en voudront plus.

En ce qui concerne les déclarations de Lasne et de Gomin que vous vous êtes « empressé d'admettre comme paroles « d'Evangile, même quand elles étaient contradictoires, sans « prendre seulement la peine d'étayer *votre* confiance, plus ou « moins sincère, de quelques vérifications... », l'autorité de « vos périodes » n'en modifie par la valeur, qui est nulle.

Si, maintenant, il faut une explication de votre silence sur les dépositions assermentées et les déclarations des sept témoins que je viens de vous faire entendre, cette explication, M. de Beauchesne nous la donne à tous dans les lignes suivantes, qui sont les dernières de l'*Introduction* de son livre que, par le choix de l'expression la plus heureuse, il appelle lui-même « cette légende ».

Parlant de la « ruine du Temple », M. de Beauchesne s'exprime ainsi :

« Il y avait des hommes de la Révolution sur lesquels l'om- « bre de cet édifice descendait comme un reproche, et qui « poussaient à sa destruction. Comme cela arrive quelquefois « à la fin des grands procès, on *voulait se débarrasser d'un* « *témoin qui avait vu trop de choses...* » (L. XVII, par M. de Beauchesne, Introduction, p. IX.)

Vous me comprenez, n'est-ce pas ? — vous êtes de ces hommes sur lesquels l'ombre de Mme de Rambaud et de tous les autres descendait comme un reproche... vous avez voulu vous débarrasser de témoins qui avaient vu et qui avaient osé dire trop de choses...

Dès les premières lignes de vos articles, vous proclamiez que nous ne sommes pas sur le point « de passer, de ridicules, redoutables » : et avec un sans-gêne que personne ne peut vous envier, vous avez renchéri sur tous vos devanciers pour nous faire passer de « ridicules » que nous étions à vos yeux, méprisables, et peut-être odieux, aux yeux de ceux qui vous croient sur parole. — Votre campagne n'a pas été heureuse; c'est vous, aujourd'hui, qui, avec la prétention de vous montrer « redoutable » dès le 22 février dernier, n'êtes devenu que « ridicule » nous aimons à ménager les termes, mais « ridicule » : vous l'êtes. Mieux eût valu, pour votre réputation de publiciste, vous en tenir à votre pochade intitulée *Le nez d'un notaire :* cette pasquinade n'ayant été que la préface de vos douze articles, vous venez de nous prouver que vous ne réussissez pas plus dans le genre *sérieux* que dans le genre *burlesque*. — La liste de nos témoins n'est pas épuisée, vous le savez, puisque vous avez entre les mains les ouvrages où se trouvent les noms que nous opposons aux « trente ou quarante » gardes nationaux inconnus qui font cortége à *Lasne, Gomin et Damont,* cette singulière trinité que l'on pourrait définir : *La contradiction en trois personnes*. Mais nous avons hâte d'en finir avec les « vagues rumeurs, les futiles présomptions, les inductions hasardées, » pour arriver aux « quelques vaines marques d'une possession d'état à l'étranger », à l'aide desquelles (y compris les « vagues rumeurs, etc. »), nous nous sommes « attaché à démontrer l'identité de Naundorf avec Louis XVII, survivant supposé à la captivité du Temple (1). »

(1) Il n'est pas possible, dans un ouvrage aussi restreint, d'aborder toutes les questions de détails soulevées par l'*Univers*, et résolues par lui au mépris de toute vérité. — Nous avons également, pour le même motif, passé sous silence la période de la vie du Prince en Prusse : on ne trouvera donc pas ici les témoignages si importants et si intéressants de Le Coq, du baron de Seckendoff, de l'incomparable Pezold, ni même celui du célèbre docteur chevalier de Carro. — Le lecteur pourra s'édifier au sujet de ces témoins et amis du duc de Normandie, en lisant soit la plaidoirie de J. Favre, soit la *Survivance du roi-martyr*, soit *Un Crime politique;* il pourra aussi lire utilement notre brochure *Où est la Maison de France?*

M. P. Veuillot poussant l'impudence jusqu'à dénaturer les faits les

Dans votre article du 7 mai, vous avez fait une rapide excursion en Hollande. Comme ceux qui vont à Rome sans voir le Pape, vous êtes allé en Hollande sans voir le Roi... et pour vous délivrer d'un certain scrupule, vous vous êtes rappelé qu'un consul de Hollande à Paris, M. Van Lier, vous disait un jour, à propos de pièces concernant le capitaine Adelberth : « Ces pièces ne sont pas apocryphes; mais que démontrent-elles? » (*Univers*, 7 mai) : puis, à l'aide d'une supposition grotesque, relative au nom de *Stuart*, vous concluez ainsi : « *La question des*

mieux établis, nous tenons à mettre spécialement en relief, dans cette note, la mauvaise foi bien caractérisée du jeune publiciste.

Dans son numéro du 30 avril, parlant de la tentative d'assassinat du 28 janvier 1834, dont le duc de Normandie faillit être victime sur la place du Carrousel, à Paris, il dit, avec l'aplomb qu'on lui connaît : « Naundorff « sentait le besoin de se faire assassiner, à la condition d'être raté, bien « entendu. Et il avait raison, cette aventure manquait à sa carrière... « Cela ne pouvait donc pas durer. Un coup de poignard était indispen- « sable, il ne fut point donné cependant, mais Naundorff prétendit « l'avoir reçu, ce qui était le principal... » Sur la foi de quel : « on dit » M. P. Veuillot fait-il reposer cet impudent mensonge ? Nous gageons qu'il ne le dira jamais.

Pour donner au lecteur un échantillon de la *probité d'historien* de M. P. Veuillot, nous le renvoyons au 5e volume des Mémoires du vicomte S. de Larochefoucauld, ou aux extraits de ce volume qu'on peut lire aux pages 175-178 de l'ouvrage *Un Crime politique* (étude historique sur Louis XVII) : on y lira les lignes suivantes, que le vicomte S. de Larochefoucauld adressait à Madame la duchesse d'Angoulême, à la date du 11 février 1834 :

«..... On vient me prévenir, le 25 janvier, en toute hâte, que le *person- « nage* (Naundorff) avait été atteint la veille, à huit heures du soir, de « plusieurs coups de poignard, dont un paraissait assez profond, mais « qu'on ne le croyait pas en danger. Je m'y rendis le lendemain, et « j'examinai le tout avec le plus grand soin ; je voulus voir et je vis la « plaie et tous les habits percés de plusieurs coups, tous les linges bai- « gnés de sang. *La blessure est à quelques lignes du cœur ;* au dessus « se trouve une contusion fort douloureuse, causée par la pression vio- « lente d'une médaille d'argent, percée de part en part, et qui semble « avoir paré un coup *qui eût été* sans rémission.

«..... Comprenant la nécessité de constater tous les faits, j'ai envoyé « un homme de l'art, habile et discret; il ignore entièrement quel est le « blessé. Les procès-verbaux ont été dressés avec la plus scrupuleuse « exactitude, une saignée faite, un ré ime ordonné. Le malade est bien ;

« *preuves tirées par les Naundorff de leur prétendue situation en*
« *Hollande, nous semble vidée...* »

Vous « semble vidée... » J'en doute fort. — A propos des paroles du consul M. Van Lier, que je ne conteste nullement, mais qui ne prouvent rien, si ce n'est qu'en cette circonstance il a jugé bon de parler pour ne rien dire, permettez-moi de vous raconter le fait suivant : en février 1884, me trouvant en soirée chez Madame la Princesse Amélie de Bourbon, 5, rue de la Neva, à Paris, je fus présenté à Mme Van X..., ancien consul de Hol-

« mais la suppuration annonce *une plaie assez profonde, que quelques* « lignes de plus rendaient mortelle. Les habits ont été confrontés par « mes ordres, et l'identité est parfaite. *Il est prouvé que la blessure a dû* « *être opérée par un coup violent.* Donné *sans intention*, aurait-on pu la « diriger ainsi à si peu de distance du cœur... »

C'est M. le vicomte S. de Larochefoucauld, surveillant du Prince au nom de la duchesse d'Angoulême, qui écrivait ces lignes : eh bien, pour M. P. Veuillot, cela s'appelle sentir « le besoin de se faire assas- « siner, à la condition d'être raté, bien entendu... Un coup de poignard « était indispensable, il ne fut point donné cependant... » (*Univers*, 30 avril.)

Etonnons-nous, après cela, si P. Veuillot, prenant lui-même un poignard à lame empoisonnée, cherche à le plonger avec une joie féroce dans le cœur de l'innocente victime, en appelant « juif cyniquement « débauché, » celui que, dans notre brochure, nous avons appelé « véri- « table agneau royal ».

Il ne craint pas, M. Veuillot, de signaler « la scandaleuse immoralité « du Juif prussien, se vautrant, malgré son âge, dans la crapule et la « débauche ». Mais qui n'a déjà compris que cette ignoble tentative d'assassinat moral est-elle-même « ratée » ? Sous peine de manquer gravement au 8e article du décalogue, il est défendu de nuire au prochain dans sa réputation et son honneur : tant que M. P. Veuillot n'apportera pas la preuve des allégations calomnieuses dont il cherche à souiller la mémoire du fils de Louis XVI, nous avons le droit, le devoir de lui dire qu'il est lui-même un insigne calomniateur. — Quant à l'*effet* qu'il s'imagine produire par ces mots « se vautrant dans la débauche et la crapule », c'est un *effet* complètement « raté, bien entendu..... » — mais c'est l'*intention* qui a été et demeure coupable.

La vérité étant rétablie sur la tentative d'assassinat du 28 janvier à Paris, nous n'avons pas à nous arrêter sur celle qui eut lieu à Camberwell, près Londres, le 26 novembre 1838 ; les « contes insensés » que débite à ce sujet P. Veuillot, en appelant à son aide M. de la Sicotière, sont mis à néant par la simple production de la pièce officielle suivante,

lande à Paris, qui assistait à cette soirée. Ce personnage me félicita sur la brochure que je venais de publier : la conversation s'engagea, je le questionnai sur la Hollande, voici le résumé fidèle de ses paroles : Pour mon compte, disait-il, je n'ai pas le moindre doute sur l'*identité* de Louis XVII ; c'est bien lui qui est mort à Delft, le 10 août 1845. Partout en Hollande, dans les régions officielles, gouvernementales, judiciaires, dans l'armée, partout on considère ce fait comme hors de controverse sérieuse : ce qui me surprend, c'est qu'il n'en soit pas de même en France ;

qui a été imprimée, distribuée et affichée à Londres, sur les ordres du directeur de la police :

« Tentative d'assassinat du vendredi 26 de ce mois, faite par un Fran-
« çais qui, entre huit et neuf heures du soir, a tiré deux coups de pisto-
« let sur le *duc de Normandie*, résidant au n° 21 de *Clarence-place*, à
« Camberwell, et l'a blessé grièvement.

« L'assassin se nomme Désiré Roussel, déserteur de l'armée fran-
« çaise. »

Les médecins firent l'extraction de deux balles qui étaient entrées dans le haut du bras : une information judiciaire eut lieu. L'assassin ne dut son élargissement qu'à la magnanimité du Prince. (Voir, pour les actes officiels de cette procédure, *Appel à la conscience publique*, par G. de la Barre, t. II, p. 245 et suiv.)

M. P. Veuillot s'obstinera probablement à dire, avec M. de la Sicotière, que « les vêtements seuls avaient souffert. » (*Univers*, 30 avril.)

Il n'est pas jusqu'au nom du duc de Normandie dont M. P. Veuillot n'ait cherché à se faire une arme contre la vérité. Le duc de Normandie a toujours été appelé Charles, il s'est toujours signé Charles, ou Charles-Louis. M. Veuillot prétend qu'à ce sujet le « Juif prussien » aurait été confondu par Richemont, lors du fameux procès de 1834, et que depuis, « remettant les choses dans l'ordre, il (Naundorff) a toujours déclaré qu'il s'appelait Louis-Charles de Bourbon. » (*Univers*, 24 avril.) Toutes les pièces, tous les écrits du Prince, tous les actes officiels, avant et depuis 1834, portent la signature et les prénoms de Charles-Louis, et donnent un solennel démenti à M. Veuillot. Mais l'inflexible M. Pierre veut avoir raison..... Heureusement qu'il ne s'appelle pas *Louis*, M. Pierre Veuillot ; car s'il eût signé ses articles ou quelques-uns seulement de ses articles *Louis* au lieu de *Pierre*, plus d'un égaré ou distrait aurait pu se méprendre et dire :

Comment en un plomb vil l'or pur s'est-il changé ?

j'aime beaucoup la France ; depuis que j'ai quitté les consulats, j'habite Paris tous les hivers ; s'il y avait quelque chose que je ne puisse pardonner à cette belle nation, c'est son aveuglement, son obstination à ne vouloir pas reconnaître pour ce qu'ils sont, les vrais descendants de ses rois légitimes.

Disait-il vrai, ce consul ? — Oui : plus de vingt-deux pièces, presque toutes officielles et versées au procès (V. Jules Favre, plaidoirie, p. 292-329), établissant que la Cour d'appel de Paris a fait fausse route en refusant l'enquête sollicitée, et que vous vous fourvoyez comme un aveugle en *vidant* comme vous l'avez fait « la question des preuves tirées par les Naundorff de leur pré- « tendue situation en Hollande ». Parmi ces pièces, en dehors des déclarations émanant du ministère de la guerre, du ministère de la marine, de généraux et d'officiers supérieurs, on voit figurer, vous ne l'ignorez pas, des actes administratifs, des décisions judiciaires, des actes du parlement, des signatures royales, pièces qu'il m'est impossible de reproduire *in extenso,* car elles comportent dans leur ensemble plus de vingt pages. Pièces, documents, décisions, actes législatifs que vous dissimulez soigneusement, dans l'impossibilité où vous êtes de contester leur existence, de détruire leur force probante : pièces que vous ne pourriez mettre sous les yeux de vos lecteurs qu'en ruinant tout votre échafaudage, lors même que vous vous sentiriez le courage de dire du roi de Hollande, de son parlement, de ses ministres, de sa magistrature, de ses généraux, de ses officiers, de son armée et de tous ses sujets néerlandais, ce que vous avez eu le courage, « généralement sans risque », de jeter à la face de ceux que vous appelez les « écrivains à gages » du « Naundorffisme ». — Vous faut-il des citations ? — Je vous citerai d'abord J. Favre (« passé maître dans l'art, etc..., sans prendre la peine d'étayer, etc... ») :

« Arrivé à ce point de ma cause, Messieurs, je me demande quelle a pu être la raison qui a déterminé les pouvoirs publics de Hollande à agir ainsi. Comment se fait-il qu'en présence de la procédure criminelle suivie en France... de l'expulsion de Naundorff... de communications diplomatiques prouvant sa prétendue imposture, la couronne et l'armée se soient compromises par une telle manifestation? qu'on ait témoigné tant d'estime à un criminel, à un intrigant? Nul ne le voudra croire. Il m'est donc permis de dire qu'en France l'arbitraire a écrasé Naundorff; mais qu'en Hollande, où il a rencontré de si précieuses sympathies, un appui si efficace, il a été protégé par l'indépendance de ceux qui avaient puisé leur conviction aux sources officielles. Ces hauts fonctionnaires, ces hommes d'Etat éminents ont agi en pleine connaissance de cause, ils se sont éclairés par l'étude des documents qu'on nous cache, et qui, s'ils étaient produits, feraient éclater la vérité au grand jour!

« Il est impossible d'expliquer autrement l'attitude des pouvoirs publics en Hollande. » (J. Favre, plaidoirie, p. 306 et 307.)

Pour vous réconcilier un peu avec Mmes de Rambaud, Marco de Saint-Hilaire, je vous cite le passage relatif au rapport des médecins qui ont examiné le cadavre :

« Les médecins qui examinent le cadavre sont : 1° Jean « Soutendam, docteur en médecine, demeurant à Delft; 2° Louis-« Philippe-Jacques Snabilié, docteur en médecine et en chirur-« gie, premier officier de santé de l'armée néerlandaise, chevalier « de l'ordre militaire de Guillaume, demeurant à La Haye; « 3° et Jean-Gérard Kloppert, docteur en médecine, demeurant « à Delft. Et toutes les marques indiquées comme existant sur « le corps du Dauphin se retrouvent sur le corps de l'homme « qui vient de succomber. N'est-ce pas décisif? Ecoutez ce « passage relatif à l'inoculation :

« Au milieu du bras gauche se trouvent trois cicatrices d'ino-« culation, d'une forme triangulaire, dont la base est en bas. »

« Elles n'avaient pas été vaines, Messieurs, les précautions « de cette femme qui était plus mère que reine, et qui, dans sa « double majesté, comprenant que le fruit de ses entrailles « pouvait être menacé par la fureur des hommes, demandait « au médecin de faire trois fois souffrir cet être chéri, par trois

« incisions rapprochées, en forme triangulaire, afin qu'un jour « on pût reconnaître son identité ! Et les médecins hollandais « déclarent que ces incisions triangulaires et les autres signes « indiqués par Mme de Rambaud comme devant se trouver sur « le corps du Dauphin se retrouvent exactement sur le cadavre « de celui qui vient de mourir exilé... abandonné, trahi, renié « par tous les siens ! » (J. Favre, plaidoirie, p. 309.)

Vous le voyez, je suis sobre de citations ; si vous les trouvez par trop incomplètes, il vous sera facile de les compléter.

Passons à la naturalisation du prince Adelberth de Bourbon. Ici nous rencontrons la signature d'un roi :

« *Message du roi aux Etats-Généraux,* 2e *Chambre.*

« Messieurs,

« En rapport avec la loi du 28 juillet 1850, je soumets à votre « considération un projet de loi, tendant à accorder la qualité « de Néerlandais à Adelberth de Bourbon, demeurant à Breda...

« La Haye, 30 septembre 1863.

« *Signé :* GUILLAUME. »

On lit à la suite de ce message une déclaration du ministre de la justice, ainsi conçue :

« Les renseignements officiels que le gouvernement s'est « procurés concernant la requête de la naturalisation d'*Adel-* « *berth de Bourbon*, le satisfont suffisamment pour recom- « mander le présent projet de loi.

« *Le ministre de la Justice,*

« *Signé :* OLIVIER. »

(J. Favre, p. 320.)

Le projet de loi est voté après discussion (v. J. Favre, p. 320 à 327, et, au besoin, l'*Officiel* de La Haye), et adopté par une majorité de 49 voix contre 3.

L'*acte de naturalisation d'Adelberth de Bourbon* est ainsi conçu :

« Nous, Guillaume III, par la grâce de Dieu roi des Pays-
« Bas, prince d'Orange-Nassau, grand-duc de Luxem-
« bourg, etc., etc.,

« Ayant vu la loi du vingt-deux décembre mil huit cent
« soixante-trois (feuille officielle, numéro cent quarante-cinq),
« contenant la naturalisation d'Adelderth de Bourbon, d'après
« l'article 8 de la loi du vingt-huit juillet mil huit cent cinquante
« (feuille officielle, numéro quarante-quatre), pour l'exécution
« de l'article 7 de la loi fondamentale,

« Nous avons trouvé bon et entendons de conférer à Adel-
« berth de Bourbon, sergent au 6e régiment d'infanterie, né
« dans le district de Camberwell, comté de Surrey (Angleterre),
« demeurant à Breda, province du Brabant septentrional, par
« celle-ci, des lettres de naturalisation, qui sont pourvues de
« notre signature et du sceau du royaume, et qu'on remettra à
« l'intéressé.

« Donné à La Haye, ce vingt-deux décembre, l'an mil huit
« cent soixante-trois.

« *Signé :* GUILLAUME. »

« *Le ministre de la Justice,*

« *Signé :* OLIVIER. »

Vous étiez en Hollande, dans votre article du 7 mai, vous avez consenti à y rester « encore un bout de temps », et vous n'avez rien vu de tout cela ! « Votre œil » était donc bien « affaibli » ! Mais votre main droite ne tremblait pas lorsqu'au sujet de la reconnaissance de Louis XVII et de ses enfants par la Hollande, elle écrivait ces lignes : « A l'appui de leur dire,

« les enfants de l'imposteur prussien produisent trois preuves : « une lettre du ministre plénipotentiaire de Hollande à Paris, « l'épitaphe inscrite sur la tombe de Naundorff à Delft, enfin « quelques extraits de l'acte civil, qui montrent qu'on leur laisse « porter, dans ce pays, le nom de Bourbon... » ! (*Univers*, « 7 mars).

Et les lettres officielles signées *Seelig*, gouverneur de l'Académie militaire de Breda, le procès-verbal du 13 avril 1845, relatif aux expériences des inventions pyrotechniques de Louis XVII, dans lequel on rencontre presqu'à tous les alinéas le nom de Bourbon, et signé *Seelig*, colonel d'artillerie, *Delprat*, lieutenant-colonel du génie, Van *Keeskwijk*, capitaine-ingénieur, Gobins, capitaine d'artillerie (v. J. Favre, p. 295, 296, 297, 298) : la lettre du 16 avril 1845, signée *Ryck*, ministre de la marine, celle du colonel de *Bruyn* (id., p. 300 et suiv.) écrivant, le 7 juin 1845, à Me Van Buren, avocat :

« Monsieur l'avocat,

« Je viens de recevoir à l'instant l'ordre de rédiger l'esquisse « d'une convention à passer entre le ministre de Sa Majesté et « M. de B... *Cet ordre émane d'un très grand pouvoir et m'impose la plus grande célérité !*... Toutefois, je ne pourrais faire « mention dans cette écriture du *nom complet* de l'inventeur ; « cependant, je crois que le nom de *Charles-Louis* ne fera « pas ombrage, et que l'inventeur ne se compromettra pas en « ne faisant usage que d'une partie de son nom actuel.

« Je vous écris cette fois-ci en français, pour que ces Messieurs puissent prendre lecture de ma lettre et se tranquilliser « complètement.

« Veuillez avoir la bonté, Monsieur l'avocat, de me répondre sur l'opinion que j'ai avancée personnellement sur l'emploi d'une partie du nom de M. de B...

« Agréez, etc.

« *Signé :* DE BRUYN.

« La Haye, 7 juin 1845. »

Est-ce que tout cela est donc démenti dans la lettre adressée à Madame Amélie de Bourbon par le ministre des Pays-Bas, baron de Zuylen Nyeveld?

Il est dit, dans cette lettre, que « les renseignements que le « gouvernement (néerlandais) a pu recueillir à ce sujet (le duc « de Normandie) ne sont pas de nature à être communiqués... » cela se conçoit, et il n'est pas nécessaire d'être diplomate comme Richelieu pour le comprendre. Il est dit encore, dans cette même lettre, « que ces renseignements ne contiennent aucune donnée qui pourrait être utile à votre procès... » : la réserve commandait ce langage, et vous ne connaissez guère les usages de la diplomatie. Si Madame Amélie de Bourbon n'avait pas été la fille de Louis XVII, si elle n'avait été que Mlle Naundorff, fille de Ch.-G. Naundorff, le consul hollandais, baron de Zuylen Nyeveld, n'aurait jamais daigné lui répondre : pour l'honneur de son gouvernement, il l'aurait dénoncée, elle et tous les Naundorff, à la chancellerie française : cette dénonciation eût été l'argument *final* et « sans réplique » que l'avocat général Benoist aurait opposé à Jules Favre, « passé maître dans l'art, etc... »

Cette lettre « qu'à la place de M. l'abbé Dupuy », vous dissimuleriez « soigneusement (1) », confirme donc, ou, tout au moins, laisse intacts les documents et pièces émanant de la Hollande et versés au procès.

Poursuivons : le certificat d'un homme illustre en Hollande, le général Van Meurs, ex-ministre de la guerre, aide de camp du Roi, déclarant, à la date du 27 juin 1872 :

« ..... Toutes les relations de sa vie que le Prince m'a faites, « ma présence continuelle dans sa chambre pendant sa maladie « m'ont mis à même de pouvoir bien observer toutes ses actions, « toutes ses paroles. Eh bien, tout ce que je lui ai entendu « dire, alors qu'il pensait haut dans ses nuits sans sommeil, « tout ce qu'il a dit aussi dans son délire et même peu avant

(1) De cela personne ne doute, car vous êtes « passé maître dans l'art » de dissimuler « soigneusement ».

« sa mort, tous ces événements et la triste fin de cette vie de « malheur sont pour moi autant de preuves convaincantes que « le nommé Naundorff était le duc de Normandie, le véritable « Dauphin, fils de Louis XVI, martyr de la politique et de la « haine de ses plus proches parents.

« En foi de quoi, je signe cette déclaration.

« TH. VAN MEURS,

« Lieutenant général.

« La Haye, ce 26 juin 1872. »

A côté de ce certificat se place celui des médecins qui l'ont soigné jusqu'à la dernière heure. Edifiés de cette sainte mort, « ils font la déclaration que voici :

« Nous soussignés, docteurs médecins en fonction à Delft, « *Jean Soutendam* et *Jean-Gérard Kloppert,* autrefois officier « de santé et comme tel adjoint comme médecin consultant « par feu S. Exc. le ministre List, déclarons avoir traité en 1845 « celui qui se nommait *Charles-Guillaume Naundorff,* plus « tard évidemment étant *Charles-Louis de Bourbon, duc de Nor-* « *mandie.*

« Beaucoup d'intérêt fut témoigné à l'auguste malade. Des « bulletins furent envoyés journellement sur l'état de sa santé « au ministre susdit, qui de temps en temps vint en personne « prendre des informations.

« Nous autres médecins nous n'avons pas besoin de déclarer « que nous avons observé et soigné avec intérêt le patient; la « maladie considérée en elle-même (typhus ecteroïdes) était « psychologiquement très intéressante.

« Les pensées du malade s'arrêtaient principalement sur feu « son malheureux père Louis XVI, sur le spectacle effroyable « de la guillotine; ou il joignait les mains pour prier et deman- « dait avec des paroles entrecoupées de bientôt rejoindre au ciel « son royal père. Presque jusqu'au dernier soupir ce fut ainsi,

« et *Charles-Louis de Bourbon* mourut en notre présence le 10 « août 1845.

« Delft, le 30 mai 1872.

« *Signé :* JEAN-SOUTENDAM,
« Médecin-Docteur.

« J.-G. KLOPPERT,
« Médecin-Chirurgien. »

Enfin les paroles de Me Van Buren sur la tombe du prince :

« Les vanités de la gloire ont créé une immortalité factice « parmi les hommes ; mais l'héritage des persécutions et du « martyre pour la vertu et l'innocence conduit à l'immortalité « auprès de Dieu.

« Qu'une pompe funèbre conduise un souverain impie de son « trône au tombeau ! Que sera-t-il aux yeux de l'Etre suprême ? « Mais aspirer à l'éternité pour se consoler de l'extermination « de sa race, de l'état d'oubli d'une origine désavouée et sacri- « fiée aux horreurs de l'opprobre ; c'est acquérir un nom céleste « au lieu d'un nom effacé.

« Ce cercueil renferme-t-il le fils d'un roi et d'une reine? Sa « vie et sa mort ont répondu à cette question. Mais le crime « couvre le monde de ténèbres, et le triomphe de la vertu est « redouté par l'univers !. » (J. Favre, p. 303 à 309.)

Tout cela, à vos yeux, ne justifie ni « l'épitaphe inscrite sur la tombe » de Louis XVII à Delft, ni « *quelques extraits* (! !) d'actes de l'état civil », pas plus que l'épitaphe et les actes de l'état civil ne sont, à vos yeux, la conséquence d'une possession d'état pleinement justifiée, et officiellement reconnue par un gouvernement, par un pays qui, somme toute, n'avait pas un intérêt majeur, un intérêt d'Etat à la reconnaître. Et le silence de Louis-Philippe et de son gouvernement, au lendemain des funérailles princières faites, dans un pays voisin, au proscrit de 1836, ce silence « d'or » ne vous dit rien !... Mystère ! !

[stamp]

Si Louis-Philippe se tait, la Hollande continue à parler et à agir, et cela *surtout* après la mort du royal proscrit. Lettres de condoléance adressées au fils aîné de la famille, Charles-Edouard, par MM. les ministres de la guerre et de la marine : lettres du prince Frédéric des Pays-Bas, du roi et de la reine écrivant à M. Gruau de la Barre, pour le féliciter de ses publications et de ses courageux efforts en vue de faire triompher des droits légitimes... (J. Favre, p. 305 à 313) : arrêt de la haute Cour du royaume des Pays-Bas, dont nous parlerons tout à l'heure : le contrat, à la date du 13 octobre 1845, entre le gouvernement néerlandais et « Charles de Bourbon » : plusieurs actes au greffe : l'avis officiel du receveur de l'enregistrement de Delft à l'adresse des « héritiers de Charles-Louis, duc de Normandie, de Bourbon, décédé à Delft en 1845 » : une série d'actes de l'état civil : la déclaration de Van Buren, sur laquelle j'appelai votre attention dans la lettre ci-devant, que j'eus l'honneur d'adresser à l'*Univers,* en même temps qu'un exemplaire de mon discours du 8 février : la naturalisation du prince Adelberth de Bourbon, dont j'ai déjà parlé : le mariage de celui-ci qui a pour témoins, entre autres, le chevalier maître Henri Hœufft Van Velzen, chambellan du roi et membre des Etats, député de la Hollande septentrionale : enfin une résolution de S. M. le roi de Hollande, ainsi formulée :

MINISTÈRE DE LA GUERRE

—

Affaires militaires du personnel n° 56 (P. N. 13)

« Le ministre de la guerre ayant vu la résolution de Sa Ma-
« jesté du 12 de ce mois, n° 11, par laquelle le premier lieute-
« nant Adelberth de Bourbon, du 4e régiment d'infanterie, est
« placé, en conservant son rang, dans le régiment des grena-
« diers et chasseurs,

« Il a le plaisir d'en informer le dit officier par celle-ci.

« Il porte aussi à sa connaissance qu'il fera partie du régiment « des chasseurs.

« La Haye, le 18 août 1869.

« *Signé* : J. J. VAN MULKEN. »

(J. Favre, p. 325 à 328.)

Voilà, Monsieur Veuillot, comment « les écrivains à gages » traitent « la question des preuves tirées (*Univers*, 7 mai), par « les Naundorff, de leur prétendue situation en Hollande... » : voilà « quelle est la situation (*Univers*, id.) des enfants de l'im- « posteur prussien dans le royaume des Pays-Bas. Ils affirment « (*Univers*, id.) que leur père y a été solennellement reconnu « pour le fils de Louis XVI, et qu'ils y sont traités eux-mêmes « comme princes de la Maison royale de France... » — Oui, ils l'affirment, nous l'affirmons avec eux et comme eux. — Qu'avez-vous fait pour détruire cette affirmation? — Rien. — Qu'ont-ils fait, qu'avons-nous fait pour établir que cette affirmation est indéniable, qu'elle est une vérité? — Vous venez de le voir.

Les voilà, ces « quelques *vaines marques* d'une possession « d'état à l'étranger, à l'aide desquelles (suivant l'arrêt de la « Cour) on s'est attaché à démontrer l'identité de Naundorff « avec Louis XVII survivant *supposé* à la captivité du Temple. » Elles ne sont ni plus claires ni moins obscures que le jour où Jules Favre, les signalant en audience solennelle, et plaidant contre un défendeur défaillant, *osait* solliciter *l'enquête* qui a été refusée.

Pour des magistrats (non épurés) la signature d'un roi, « vaine marque », n'a été d'aucun poids dans la balance; naturalisation après débats législatifs, « vaine marque » ; funérailles princières, épitaphe, contrats bilatéraux où un Etat est partie, « vaines marques » ; qualités reconnues par la haute Cour du royaume des Pays-Bas, dans un procès où l'Etat est partie succombante, « vaine marque » ; contrôle, examen par des ministres, des officiers supérieurs, « vaines marques » ; dépositions, déclarations de Mme de Rambaud, Mme Marco de Saint-Hilaire, Mme Broglio de Solari, MM. Marco de Saint-Hilaire, Marcoux, de Joly, Brémont, etc., « futiles présomptions, vagues rumeurs, « inductions hasardées... » : Le Coq, Pezold, Seckendorff, Rochow, le docteur de Carro, Xavier Laprade, Morel de Saint-Didier, Harmand de la Meuse, Mathieu, Reverchon, Peuchet, Louis Blanc, Laurent (même avec un z final), Barras, Hoche, de Frotté, Pichegru, Joséphine, etc., etc... tout cela « ouï-dire fort suspect ». Rien dans ces *marques, présomptions, rumeurs, inductions, ouï-dire...,* rien qui ait pu motiver la moindre enquête, pas même l'impossibilité (1) où l'on a été, où l'on est et où l'on sera toujours de trouver un lieu d'origine à « Naundorff ».

Pourquoi? Serait-ce parce que *Lasne, Gomin et Damont* n'ont débité, devant la justice et ailleurs, qu'un tissu de contradictions?? Serait-ce parce que M. de Beauchesne, pour étouffer l'enfant au berceau, je veux dire, pour étouffer la question que le jugement de 1851 n'était pas parvenu à étrangler, s'avise de faire un livre *émouvant* qu'il appelle lui-même « *cette légende* » ?? —Serait-ce parce que MM. de la Sicotière, Chantelauze, Bertin des *Débats,* Loiseleur du *Temps,* Oscar de Poli de l'ancien *Clai-*

(1) A propos de cette impossibilité, M. Veuillot nous dit (*Univers,* 12 avril) que, l'*identité* de Campi (entre autres condamnés et repris de justice) n'ayant pu être établie « malgré une enquête longue et appro- « fondie, le correspondant de l'*Univers*, s'il se piquait de logique (mais « non, c'est un Naundorffiste) devrait ranger Campi parmi les descen- « dants de Louis XVI ».

M. Veuillot est un logicien renforcé, car il est homme à nous affirmer, si cela lui paraissait utile, que Campi et autres condamnés ont invoqué l'*appui* des tribunaux, produit des pièces, soutenu des faits, et sollicité une enquête pour établir, les uns qu'ils étaient Français, les autres qu'ils étaient Espagnols, Cosaques ou Juifs prussiens. Campi n'ayant rien fait de cela, étant demeuré muet comme une carpe sur son origine, sur son identité, ses antécédents, M. P. Veuillot, « s'il se piquait de logique » (mais non, c'est un Centuriateur), devrait ranger Campi parmi les descendants d'Adam, tout simplement ; entraîné par sa logique, M. Veuillot, en raisonnant sur Campi, conclut que Naundorff n'est pas Louis XVII.

ron, et Pierre Veuillot de *l'Univers*, devaient enfourcher le pas après M. de Beauchesne plus de vingt ans après l'apparition de son livre, et plus de six ans après l'arrêt de la Cour de Paris??

Non : les magistrats qui ont rendu l'arrêt et refusé l'enquête, ont puisé leur inspiration à d'autres sources. Gruau de la Barre, dont je vous ai rappelé les paroles, donne des explications suffisantes à ce sujet dans ses deux volumes : l'*Appel à la conscience publique*... j'ai dit, dans une conférence du 8 février à Lyon (p. 30) : « Il a fallu tout l'aveuglement que donne la rai- « son d'Etat pour ne pas voir dans ce procès ce qu'il y avait « réellement, et pour y voir ce qui n'y était pas. » Je ne crains pas de vous dire, Monsieur Veuillot, à propos de l'arrêt dont vos longs articles ne sont que la « toute récente et très tapageuse » paraphrase, je ne crains pas de vous dire qu'il faut le *même aveuglement* pour ne pas voir dans cet arrêt ce qui y est réellement, « *l'acte révoltant d'iniquité judiciaire* » dénoncé par Gruau de la Barre, et pour y voir ce qui n'y est pas, l'expression de la vérité, le respect du droit commun, l'application sage de la loi...

L'arrêt!!... il est tellement redoutable de le sonder, de le creuser... on est tellement stupéfié quand on l'approfondit, qu'on est volontiers tenté de ne le considérer, comme vous, qu'à la surface afin de pouvoir se laver les mains en disant : *Il existe, cet arrêt, je ne suis pas du nombre de ceux qui l'ont rendu, il ne me touche pas personnellement, il ne déroute pas mes combinaisons, mes plans, mes calculs...; il donne raison à beaucoup de monde, il ne blesse qu'une quantité fort négligeable de personnes... donc je l'accepte, donc je puis en faire la règle de mon jugement personnel, donc je puis en toute sécurité en louer le dispositif, en développer les considérants*... Mais quand on songe qu'il y a *là* une question de justice sociale... quand on considère que cet arrêt met au ban de la société une famille tout entière, dans la crainte que, par une enquête faite au grand jour et sous l'œil de la justice, elle n'établisse qu'elle est la première Famille de France et du monde... quand on considère que cet arrêt cloue au pilori les personnages les plus dignes, les plus recommandables, dont les noms sont consignés, avec leurs motifs irréfutables de conviction, dans les pièces mêmes du procès... quand on considère que l'avenir, peut-être la vie et le salut de la France étaient l'enjeu de ce procès... quand on approfondit le *mystère* qui entoure le procès lui-même, le *défaut* du contradicteur direct, l'attitude du ministère public, la terreur du président qui lisait la sentence.....; si on se sent assez de courage, si on ne veut pas être de ces honnêtes gens « dont l'erreur est plus dangereuse que celle des « coquins (1) » de ces prudents qui se « taisent momentanément « sur le vrai (2) », on est prêt à tout essuyer, à tout braver, sauf le déshonneur, on se décide, comme M. Le Play, « à « chercher le vrai et à le confesser sans réserve, quoi qu'il « arrive », au risque, comme lui, « de révolter la France et de passer pour fou (3). »

Voilà, Monsieur, pourquoi nous ne nous inclinons pas plus devant vous que devant la Cour de Paris : voilà pourquoi nos armes sont toujours prêtes, nos arguments toujours irréfutables, pourquoi notre sang-froid est toujours le même, lorsque les attaques de nos adversaires deviennent plus violentes... Nous sentons, nous voyons qu'un travail se fait dans les esprits, qu'un réveil se fait dans les consciences. Nous constatons que l'attaque directe qui aurait pu être funeste il y a deux ans, est aujourd'hui pour nous un puissant auxiliaire, aussi puissant que l'aurait été pour la royale famille méconnue et son généreux avocat Me Jules Favre, le débat contradictoire devant la Cour de Paris.

Nos adversaires ont voulu être *habiles,* ils n'ont été que *maladroits :* au lieu de commencer par la conspiration du silence et du mépris, ils auraient eu plus de chance d'encourager le mouvement en nous attaquant face à face dès la première heure ; ils n'auraient certainement pas détruit nos arguments, ni ébranlé nos convictions, mais ils auraient pu enrayer, retarder le mouvement. Ils n'ont attaqué qu'après l'impulsion donnée par l'exposition nette de la vérité « sans finesse, ni stratégie habile » ;

(1) *Le Play,* d'après sa correspondance par Ch. de Ribbe, p. 358.
(2) Ibid.
(3) Ibid., p. 259.

cette vérité a déjà pénétré, elle pénètre de plus en plus. Les attaques n'y feront rien, pas plus que le silence, car ces attaques ne sont autre chose qu'une « stratégie habile » : or, les stratégistes, Monsieur, même ceux de votre taille, n'auront jamais un bélier assez puissant pour abattre le *rempart* qui nous protége, pour démanteler *la place* dont nous sommes les maîtres. Ce rempart, c'est le *droit*, dont nous sommes les apôtres, et dont nous serions au besoin les vengeurs : la *place*, la *citadelle* dont nous sommes les incorruptibles gardiens, c'est la *contre-révolution*, dont nous sommes les vrais soldats, ayant pour *Chef* celui qui en est l'*incarnation vivante*, je vous l'ai dit et démontré aux pages 32 à 36 de ma conférence du 8 février.

Voilà, Monsieur, pourquoi « il y a des prêtres partisans des Naundorff » (*Univers*, 30 avril) : voilà pourquoi nous sommes tous « passés d'Henri V à Naundorff » (*Univers*, 22 février) : voilà comment, éclairés par les enseignements de la Providence, après avoir vu la foudre briser, détruire, anéantir d'un coup le rameau vigoureux, tellement vigoureux qu'il a été pris pour l'arbre, nous sommes allés à la souche, peu soucieux de nous cramponner à cette branche *flétrie*, ou, si vous le voulez, à cet arbre teint de sang et maudit qui s'appelle l'*Orléanisme*..... — « Passer d'Henri V à Naundorff ! quelle chute », dites-vous... — Passer d'Henri V à d'Orléans ! ! quelle chance ! quel destin ! quelle fatalité ! pensez-vous peut-être... — Nous vous disons : Passer « d'Henri V » à Philippe-Egalité et à tout ce qui en a été la suite... quelle aberration ! quel aveuglement ! quelle humiliation ! quelle honte !...

Vous, Monsieur Veuillot, « qui prétendiez aimer et vénérer « Henri V quand il vivait, et qui venez maintenant vous joindre « à la malheureuse *grosse* cohorte rangée derrière vos tristes « sires » (*Univers*, 22 février), dont le père et grand-père Louis-Philippe a laissé, en son nom, accuser « le Roi » de n'être pas né de la Duchesse de Berry sa mère (1)... « Vous insultez à la

(1) Dans notre brochure *Où est la Maison de France ?* (p. 69), nous reproduisons une protestation du duc d'Orléans contre l'authenticité de

« mémoire du Comte de Chambord de la façon la plus abomi-
« nable qui fût jamais. *Allez, vous devriez mourir de pure honte !* » (*Univers*, 22 février.)

Cherchez donc un peu mieux, « pour en exterminer la valeur, le degré de justice, quels sont les sentiments qui *nous* ont prédisposé » (*Univers*, 22 février) à ne pas nous rallier « à cette triste cause » (id., id.) des d'Orléans, vous comprendrez qu'ils sont « multiples, ces sentiments », et vous ne direz plus qu'il « n'il n'y en a même guère que deux ». (*Univers*, id.) — Surtout, vous ne direz plus que « le second a pris naissance dans l'*antipathie* qu'inspirent à plus d'un vieux légitimiste les princes d'Orléans ». (Id., id.) — Qu'est-ce que l'*antipathie* ou la sympathie ont à faire dans la question ? Il en est des princes comme des principes, ils sont ou ils ne sont pas..., ils sont vrais ou ils sont faux..., ils sont discutables ou ils s'imposent... Nous n'avons pas versé, comme vous, dans l'ornière orléaniste, pour les raisons plus que suffisantes que je vous ai fait connaître ; s'il vous en fallait de plus fortes encore, vous n'auriez qu'à nous le dire...

la naissance du duc de Bordeaux, protestation extraite de l'*Histoire d'Henri V*, par Alex. de Saint-Albin, ouvrage enrichi d'un bref de N. S. P. le Pape à l'auteur. Puisque M. Veuillot feint de ne l'avoir pas lue, ou de n'y attacher aucune importance, nous croyons utile de la reproduire ici, en la faisant précéder des observations de l'*impartial* historien d'Henri V :

« ..... Quoique à cette heure aucun doute, s'il avait vraiment douté
« un seul instant, ne pût demeurer encore dans l'esprit de ce prince (le
« duc d'Orléans) dévoré d'envie et d'ambition, une protestation contre
« l'authenticité de la naissance du duc de Bordeaux parut peu après
« dans le *Morning Chronicle*. Le duc d'Orléans en déclina, il est vrai,
« la responsabilité : mais le journal anglais n'avait évidemment publié
« cette protestation que pour servir les convoitises de la famille d'Or-
« léans. Dans le même intérêt, des libellistes anonymes répétèrent ces
« doutes injurieux jusqu'au jour où, après l'insurrection de 1830, le
« *Courrier français*, dans son numéro du 2 août, reproduisit cette pièce
« sous le titre de : *Protestation du duc d'Orléans*. Ce titre et le caractère
« politique du *Courrier* faisaient au duc d'Orléans une obligation étroite
« de la désavouer s'il ne voulait, au contraire, l'avouer par son silence.
« N'étant ni assez audacieux pour la signer, ni assez honnête pour re-

Mais « Naundorff a été condamné par Grégoire XVI, et « dans quels termes ! » (*Univers,* 30 avril). Puisque vous avez « réservé cet argument sans réplique pour la fin », je vous suis, et je vous réserve aussi pour la fin, l'examen de cet « argument sans réplique ».

Seulement, ma position devient plus particulièrement délicate. Jusqu'à la production de votre « argument sans réplique », j'étais perdu dans la foule des « écrivains à gages », pour avoir osé revêtir cette « mie de Gruau » d'une « croûte plus ou moins appétissante... » — Etais-je, dans votre esprit, l'auteur « de quelques-uns de ces écrits, vraiment, qui ne sont pas mal rédigés... »(*Univers,* 19 avril), ou mes écrits sont-ils classés au rang « des autres, c'est le grand nombre, qui sont tout simplement ridicules??... » (*Univers,* id.) Cruelle perplexité... dont, hélas ! je ne serai jamais délivré par vous, qui me paraissez

« connaître la fausseté de ces allégations, il jugea fort habile de se taire. « Mais les premières lignes (*a*) de cet odieux document se dressaient « contre lui : l'engagement y était pris, en son nom, de produire en temps « et lieu les témoins qui peuvent faire connaître l'origine de l'enfant « (supposé) et de sa mère, de produire toutes les pièces nécessaires pour « prouver cette supposition : or, le temps était venu, puisque le duc « d'Orléans était tout-puissant, et cependant, sans désavouer l'engage- « ment pris en son nom ou par lui-même, il ne produisait ni pièces ni « témoins, il ne prouvait rien et ne tentait de rien prouver. Il ne l'a « jamais tenté depuis, comme il n'a jamais reconnu l'imposture de cette « protestation. »

(*a*) Voici ces premières lignes :

« Protestation du duc d'Orléans.

« S. A. R. déclare par les présentes qu'il proteste formellement contre « le procès-verbal, daté du 29 septembre dernier, lequel acte prétend « établir que l'enfant nommé Charles-Ferdinand-Dieudonné est fils légi- « time de S. A. R. Madame la Duchesse de Berry.

« Le duc d'Orléans produira en temps et lieu les témoins qui peuvent « faire connaître l'origine de l'enfant et de sa mère ; il produira toutes « les pièces nécessaires pour rendre manifeste que la Duchesse de Berry « n'a jamais été enceinte depuis la mort infortunée de son époux, et il « signalera les auteurs de la machination dont cette très faible princesse « a été l'instrument. »

(*Histoire de Henri V*, par Alex. de Saint-Albin. 2me édition, p. 48 et 49.)

cultiver par trop les arguments « d'antipathie » ou de « sentiments multiples » pour pouvoir juger sainement les brochures sorties de la plume « d'écrivains à gages... »

Actuellement, vous allez gêner beaucoup ma liberté de langage, car vous avez extrait de ma brochure quatre mots : « *agneau royal, Christ humain* (1) », non pas pour me prouver que cette brochure vous avait été « d'un secours précieux », et se réfutait avec un très grand bonheur » par elle-même (*Univers,* 22 février), ou pour mieux dire que « Naundorff était bien « Naundorff, » et n'avait rien de commun avec Louis XVII, mais bien pour me prouver que je ne connais pas le chemin par où il faut « marcher pour entrer directement en paradis ». Pris de remords, je suis allé à confesse ; le fervent religieux (très orthodoxe, et non entaché de « Naundorffisme », je vous l'assure) ; à qui j'ai tout soumis, brochure et articles de l'*Univers,* m'a délivré d'un grand scrupule en me déclarant simplement ceci : *Sur la question générale, je ne suis pas compétent, mais vous êtes libre... in* DUBIIS LIBERTAS... *; sur le cas spécial « d'agneau royal », de « Christ humain » d'une part...*, d'« *écrivains à gages* », de « *duperie* »..., de « *jonglerie* » ..., de « *complicité...* », d'« *imposture* »..., d'« *hypocrisie...* » etc., de l'autre, *je crois que ce n'est pas vous qui faites fausse route... in* OMNIBUS CHARITAS... *Allez en paix... !*

C'est donc muni de cette *paix* que je vais aborder avec vous « l'argument sans réplique, réservé pour la fin ».

Tout d'abord, Monsieur, où est votre sincérité ? que devient, sous votre plume, cette fidélité scrupuleuse avec laquelle un écrivain (serait-il collaborateur de l'*Univers*) doit rapporter les pensées, les paroles, les actes d'autrui ou qu'il attribue à autrui ?

(1) Le sens exact des *paroles* citées par M. P. Veuillot étant rétabli, nous déclarons que, si, absolument, les qualifications par nous données au duc de Normandie sont « inconcevantes », nous les rétractons volontiers, sans chercher à les expliquer davantage. — Nous souhaitons que tous les insulteurs du vrai duc de Normandie, de sa famille et de ses défenseurs, se montrent aussi scrupuleux à reconnaître leur excès de langage dans l'outrage, que nous sommes prompt à retirer ce qui pourrait être considéré comme un excès de louange.

Toutes les condamnations du Saint Siége ne portent pas sur *la Doctrine céleste et sur son auteur*. Les papes ont toujours eu des paroles sévères pour « *ces hommes perdus* » qui « se vantent mensongèrement » (*qui falso se jactant*) d'être non pas « le duc de Normandie », mais les réformateurs de l'histoire : ces *hommes perdus* sont flétris par l'Eglise sous le nom de « *Centuriateurs de Magdebourg* ».

Une lettre de Sa Sainteté Lèon XIII, du 18 août 1883, vient de condamner les *centuriateurs modernes,* en disant : ... *La même tactique est suivie aujourd'hui : et certes, plus que jamais on peut dire, en ce temps-ci, que l'art de l'historien est une conspiration contre la vérité* (1)... — En inscrivant ces paroles aux premières lignes de ma brochure, j'en ai fait la règle de mes appréciations, de mes jugements, évitant, dans mon modeste rôle, de me rendre « *esclave de l'esprit de parti et des passions mobiles des hommes* », faisant tous mes efforts pour « que les opinions arbitraires cèdent aux arguments solides... » (Lettre de Léon XIII.)

Avez-vous pris les mêmes précautions avant de dénoncer à vos lecteurs ce que vous appelez l' « *Imposture des Naundorff...* » ? Vos lecteurs eux-mêmes doivent en douter, et je crois vous avoir démontré que, jusqu'ici, sur la question qui nous occupe, « la tactique suivie par vous, n'a été qu'une conspiration contre la vérité... » (Id.) — Permettez-moi de vous en donner une nouvelle preuve, après quoi nous aborderons « l'argument sans réplique. »

On lit dans l'*Univers* du 30 avril : «... Quatre années après, « le 18 avril 1885, *il* (Naundorff) s'éteignait presque dans « l'isolement et la misère à Delft, en Hollande... il avait, dès « son arrivée à Delft, proposé, *moyennant finances*, au gouver- « nement des Pays-Bas, *qui n'en voulut point, bien entendu,* « quelques engins de guerre qu'il avait inventés et dont le plus « original était une espèce de feu grégeois... » — Comment pourrez-vous justifier votre dire après tout ce que j'ai cité et

(1) Extrait de la brochure *Où est la Maison de France ?* Introduction, page 8.

signalé de pièces officielles émanant de la Hollande? Quel cas faites-vous donc du procès-verbal fait et signé par les officiers de l'armée néerlandaise, et ainsi conçu :

« Les soussignés, officiers de l'armée néerlandaise, certifient « que M. de Bourbon leur a demandé d'examiner quelques- « unes de ses inventions pyrotechniques, consistant, suivant « son exposé, dans les objets suivants :

« 1. De pouvoir diminuer ou même de pouvoir détruire « entièrement le recul des canons et fusils.

« 2. La confection de fusées de guerre se dirigeant plus « exactement que les fusées ordinaires et garnies d'une compo- « sition qui éclate au moment où la fusée touche le but.

« 3. Une méthode de diriger les bombes et obus tirés de « bouches à feu ordinaires de manière à éclater en touchant le « but.

« 4. Une composition de matière explosive, beaucoup plus « énergique que la poudre à canon, servant à charger les « bombes et les grenades, et pouvant être employée tant pour « les mines ordinaires que pour des mines sous l'eau.

« Ces diverses inventions nous paraissant être de nature à « recevoir une application utile à la guerre, nous avons engagé « M. de Bourbon à nous mettre en état de pouvoir juger jus- « qu'à quel point ses prétentions sont fondées. Ayant à cet effet « fourni les moyens nécessaires, M. de Bourbon a fait en notre « présence les expériences suivantes :

« 1. Un fusil de rempart ordinaire, du calibre d'un huitième « de livre ancienne, ayant été disposé par M. de Bourbon, « suivant sa méthode, a pu être tiré avec la charge de 28 gram- « mes de poudre (charge réglementaire) et chargé à balle, « simplement appuyé contre l'épaule et sans être retenu par « quoi que ce fût ; le tir n'a pas produit plus d'effet sur le tireur « qu'un fusil de munition ordinaire. Plusieurs officiers et élèves « de l'académie en ont fait l'expérience. M. de Bourbon assure « que ce changement fait au fusil de rempart est durable et ne « saurait se déranger.

« 2. Des fusées parties en notre présence et disposées dans « un tube de tôle, garnies d'ailerons au lieu de la queue ordi- « naire, se sont bien dirigées et toutes ont éclaté en touchant « le terrain sablonneux des expériences.

« 3. On a tiré à la distance de quatre cents pas, contre une « enceinte composée de poutres verticales de 30 centimètres en « sapin, enfoncées à un mètre dans le terrain et revêtues de « terre, deux obus de 15 centimètres préparés par M. DE BOUR- « BON. Tous deux ont éclaté dans l'intérieur de l'enceinte en « passant par le premier parvis. Les obus ordinaires ont traversé « l'enceinte de part en part.

« 4. Dans la même enceinte, l'inventeur a fait éclater une « bombe en bois chargée de sa composition; l'explosion a « renversé les parvis et brisé en partie les poutres qui les com- « posaient.

« 5. Enfin, l'inventeur a fait éclater au fond d'un fossé de « 1,6 mètre de hauteur d'eau, au dessous d'un radeau fortement « relié, une mine de sa composition. Le radeau a été fracassé « et réduit en éclats, qui ont été lancés à plus de vingt mètres « de hauteur avec une masse d'eau considérable.

« En foi de quoi, nous avons délivré le certificat que dessus « et signé de nos noms.

« Breda, le 13 avril 1845.

« *Signé :* H.-G. SEELIG,
Colonel d'artillerie.

« J.-P. DELPRAT,
Lieutenant-colonel du génie.

« G.-A. VAN KEERKWIJK,
Capitaine-ingénieur.

« GOBIUS,
Capitaine d'artillerie.

(J. Favre, plaidoirie, p. 297-298.)

Que devient à vos yeux, la lettre suivante du *ministre de la marine* néerlandaise, J.-C. Ryk, adressée, le 26 avril 1845, à Me Van Buren :

« La Haye, 26 avril 1845.

« Toutes les lettres que vous m'avez successivement adres-
« sées me sont parvenues en bon ordre, et j'en ai pris connais-
« sance avec le plus grand intérêt ; le ministre de la guerre m'a
« aussi, pendant ce temps, communiqué le très intéressant
« rapport fait à Breda par le colonel Seelig et d'autres Mes-
« sieurs. Veuillez attribuer mon silence à mes nombreuses occu-
« pations, et aussi à la raison de ce que l'affaire ne me regardait
« pas directement jusqu'ici.

« *Son Excellence le ministre de la guerre m'a cependant promis*
« *de s'occuper promptement de l'affaire; c'est pourquoi je vous*
« *informe, Monsieur (parce qu'on préfère ne pas traiter directe-*
« *ment avec M. de Bourbon), que bientôt des propositions positives*
« *vous seront faites de la part du ministre de la guerre, après*
« *lesquelles je ferai immédiatement partie de l'affaire.*

« Je me borne donc pour le moment à vous accuser réception
« de vos diverses missives, en vous remerciant des communi-
« cations complètes qu'elles contiennent et en vous priant,
« Monsieur, d'être assuré des sentiments distingués avec lesquels
« j'ai l'honneur d'être

« Votre très obéissant serviteur,

« *Signé :* J.-C. Ryk.

« *A Me J.-H. Van Buren, à Rotterdam.* »

(J. Favre, plaidoirie, p. 299.)

Je pourrais donner ici encore une *kyrielle* de citations authentiques, une seule pourra suffire. Comment concilier votre « ..... *moyennant finances, au gouvernement des Pays-Bas, qui* « *n'en voulut point, bien entendu*..... » avec l'arrêt de la haute Cour du royaume des Pays-Bas, que je me fais un sensible plaisir de transcrire intégralement, à seule fin de bien faire comprendre une fois de plus au public que, pour vous, relativement au sujet qui nous occupe, « l'*art de l'historien est une conspiration* « *contre la vérité* » :

« *Extrait des registres déposés au greffe de la haute Cour* « *des Pays-Bas.*

« Audience du 5 octobre 1849.

« La séance est ouverte à onze heures. L'huissier audiencier « appelle la cause suivante :

« N° 166.

« *Charles-Edouard de Bourbon*, autrefois connu sous le nom « de *Naundorff*, demeurant à Delft, demandeur par exploit du « 5 mai, représenté par Me Martin Eyssel, son avoué,

« Contre l'Etat des Pays-Bas, assigné par l'exploit mentionné « ci-dessus, *défaillant*.

« La haute Cour du royaume des Pays-Bas : le demandeur « entendu, ainsi que le réquisitoire et les conclusions du minis- « tère public, représenté par M. l'avocat général Grégory ;

« Vu les actes et pièces du procès ; . . . .
. . . .

« Considérant qu'il ne s'agit que de la question de savoir : si « l'Etat des Pays-Bas, assigné, se trouve lié par la convention « susdite et est tenu de l'exécuter ;

« Considérant que la réponse ne saurait être douteuse, vu « que la convention a été faite par les chefs des départements « ministériels contractant pour le gouvernement néerlandais et « dans l'intérêt d'icelui, sur des matières de la compétence de « leur administration ;

« Que, même dans le cas où ils pourraient être considérés « comme ayant outrepassé leurs pouvoirs, cette circonstance ne « saurait concerner que l'Etat et ses ministres, susceptibles « d'être appelés en garantie, sans que le demandeur, comme

« tout autre entrepreneur d'ouvrages, jugé par une autorité « compétente au nom de l'Etat, soit obligé de discuter les mérites « de cette garantie, et qu'il a droit au paiement que lui doit « celui au nom duquel l'adjudication a été faite et acceptée, « sans avoir égard *à aucune considération politique,* soit relati- « vement à la valeur d'une question de responsabilité ministé- « rielle, et de ses suites pour l'Etat, soit par rapport au budget « et aux obligations qui incombent au gouvernement et à ses « agents;

« Faisant droit,

« Condamne l'assigné à payer au demandeur, sur quittance, « la somme de 15,000 florins, représentant la vingtième par- « tie du capital de 300,000 florins, stipulé le 5 octobre 1845, « à la condition qu'il eût satisfait à toutes les obligations du « contrat; donne acte au demandeur de ses réserves pour « les droits qu'il prétend pouvoir exercer contre l'Etat;

« Condamne l'assigné au cinq pour cent du jour de l'assi- « gnation jusqu'à celui du paiement.

« Ainsi décidé par MM. Donker. Curtius van Tienhoven, « président; Gevers, de Greve, van der Velden, Wintgens; « van Steebergen et Modderman, conseillers. » (J. Favre, « plaidoirie, p. 310, 311.)

Vous le voyez... « *il* avait proposé, *moyennant finances,* au « gouvernement des Pays-Bas, *qui n'en voulut point, bien « entendu, quelques engins...* »

Parfait, Monsieur Veuillot, parfait, c'est le *sublime* du genre... *centuriateur.* — A la date du 30 juin 1845, un contrat, sur l'ordre du roi, est passé entre le ministre de la guerre et *Charles-Louis:* le 20 juillet suivant, M. le colonel de Bruyn écrit à Me Van Buren la lettre qui suit :

« Monsieur,

« Il m'est agréable de pouvoir vous informer que j'ai reçu « aujourd'hui, de Son Excellence le ministre de la guerre, « une autorisation par écrit pour vous donner l'assurance que

« l'avance que vous faites à la famille *Charles-Louis,* de trente « mille florins, ne sera compromise dans aucun cas, parce « que la connaissance que j'ai acquise de plusieurs affaires est « une garantie suffisante pour la famille.

« J'ai l'honneur de me dire, avec la plus haute estime,

« Votre très humble serviteur,

« De Bruyn.

« La Haye, 20 juillet. »

(J. Favre, plaidoirie, p. 302.)

Le prince meurt inopinément le 10 août suivant (et non le 18 avril, comme vous le dites *par mégarde)*; cette mort résoud le premier contrat : une nouvelle convention est passée le 5 octobre 1845 entre « les chefs des départements ministériels, con« tractant pour le gouvernement néerlandais et dans l'intérêt « d'icelui, et Charles-Edouard de Bourbon », fils aîné de Charles-Louis. — (V. ci-dessus l'arrêt de la *haute Cour,* du 5 octobre 1849). Tout cela est clair, Monsieur Veuillot, mais il est « *bien entendu* » que « le gouvernement des Pays-Bas *n'en voulut* « *point.* » (*Univers,* n° cité, 30 avril.)

Puis-je être surpris, après cela et tout le reste, si, vous voyant faire mourir « Naundorff dans le désordre et l'impénitence, s'étei« gnant *presque dans l'isolement et la misère* à Delft », vous me faites dire ce que je n'ai pas dit? puis-je être surpris si, extrayant *quatre mots* d'une brochure de cent et douze pages, vous en dénaturez le sens afin de faire ressortir davantage le profond abîme qui me sépare de vous ?

Comment ! j'ai osé appeler *agneau royal, Christ humain,* celui que vous appelez sans cesse « l'imposteur allemand... le « Juif prussien... le jongleur religieux... l'aventurier allemand... « le Juif cyniquement débauché... l'impénitent... l'inventeur « non seulement d'une espèce de feu grégeois, mais d'une reli-

« gion nouvelle... » ! Comment! j'ai osé voir dans l'*âme* de « cet « homme perdu » exhalant son dernier soupir, « celle d'un « agneau royal et d'un Christ humain » !! Pourquoi n'avoir pas crié au *blasphème* tout de suite? Caïphe n'aurait pas dit autre chose, et comme « Centuriateur » il est bien votre maître, mais non, je n'ai parlé qu'en « termes lyriques et inconvenants » (*Univers,* 30 avril), je n'ai pas blasphémé : merci.

Ce que vous avez dit à ce sujet, vos lecteurs le savent; ce que vous leur laissez ignorer, c'est ce que j'ai réellement dit. Voyons : d'abord, n'ayant pas dépeint « l'agonie » de celui que vous appelez « l'imposteur », je n'ai certainement pas pu vous la « dépein-« dre comme celle d'un saint » (*Univers*, id.): n'ayant jamais non plus parlé de l'âme du « Juif prussien » (selon vous), je n'ai donc pas pu vous dire « en termes lyriques et inconvenants » que cette âme « est celle d'un agneau royal et d'un Christ humain ». Tout ce que j'ai dit relativement aux seuls quatre mots que vous avez extraits de ma brochure, le voici :

« Qu'on approfondisse comme il le mérite, le mystère de cette « existence de Louis XVII, que celui qui l'a le plus fouillée, a « défini par ce mot : *c'est un Christ humain*... et l'on reconnaî-« tra comme nous que, si quelqu'un, dans les annales de notre « douloureuse et sanglante histoire, mérite d'être immortalisé « sous le nom de *Louis-le-Rédempteur,* c'est bien le fils de « Louis XVI, l'infortuné Duc de Normandie, véritable agneau « *royal* immolé à la cupidité des uns, à l'infernale jalousie des « autres, et, par dessus tout, à l'impitoyable raison d'Etat, vic-« time innocente qui a bien dû racheter, dans une mesure que « Dieu seul connaît, les fautes de ses pères, les égarements de « son peuple et peut-être des nations ou des gouvernements de « l'Europe, égarements et fautes dont il était lui-même inno-« cent... (*Où est la Maison de France?* p. 98.)

Je n'ai donc rien à rétracter : je laisse l'âme du *Duc de Normandie* en paix, je vous rappelle qu'elle est sœur de la vôtre, qu'elle a été rachetée au prix du même sang, et qu'il ne vous appartient pas de la juger... ; je vous déclare que vous avez été *pire que* centuriateur en osant écrire ces lignes : « ... Naundorff « mourut, ainsi qu'il avait toujours vécu, dans le désordre et « l'impénitence, ne laissant aucun témoignage d'une velléité de « repentir... » (*Univers,* 30 avril.)

Tant de fiel entre-t-il dans l'âme d'un... Veuillot ??

Abordons enfin « l'argument sans réplique ».

Je n'ai jamais oublié que la nouvelle religion de *mon* prince fut « condamnée formellement par le pape Grégoire XVI » (*Univers*, 30 avril).

Sans entrer à ce sujet dans des détails qui eussent été superflus au point de vue de l'*identité* de Naundorff avec Louis XVII, je me suis contenté, dans ma brochure (page 102), de signaler « le faux mysticisme dans lequel Dieu, dans ses impénétrables desseins, a permis qu'il tombât pendant son séjour en Angleterre. Faisant une brochure et non un livre, je n'avais qu'à signaler cette erreur pour me mettre en règle avec la vérité, avec ma conscience d'écrivain et avec l'Eglise, d'autant plus qu'il était facile de prévoir que nos adversaires ne manqueraient pas, à leur heure, de s'emparer de cette erreur, et d'en faire leur arme la plus redoutable, « l'argument sans réplique ».

Simon Brugol s'était chargé déjà de cette besogne : vous la reprenez en sous ordre après lui : voyons.

« *Illius perditi hominis qui falso se ducem Normandiæ jactat* » Tout est là, n'est-ce pas ? « *Homme perdu... faux duc* de « Normandie... » — « *Homme perdu* » : pourquoi ? Uniquement parce qu'il était l'auteur de livres contraires à la foi catholique, de livres contraires aux dogmes et aux enseignements de l'Eglise romaine. Si « Naundorff » eût été dénoncé à Rome uniquement comme se disant *duc de Normandie*, le Saint Siége aurait décliné toute compétence à ce sujet, il n'aurait pu rendre aucune sentence. Dénoncé comme auteur de livres condamnables, dénoncé par ceux qui (de bonne foi, je l'admets) ne le croyaient pas *le duc de Normandie*, et le signalaient comme ayant usurpé ce titre, les mots *qui se falso jactat* s'expliquent, en même temps qu'ils ne prouvent rien. Peut-on, en effet, conclure de ces mot *qui se falso jactat*, que le Saint Siége ait voulu définir, décider que *le duc de Normandie* n'existait plus, et qu'il *était mort au Temple?* Evidemment non, car les décisions du Saint Siége sont toujours aussi claires qu'elles sont justes, et rien, dans la sentence qui nous occupe, n'autorise qui que ce soit à en tirer cette conclusion.

Le Saint Siége n'a voulu et pu condamner que des livres contraires aux dogmes et aux enseignements de l'Eglise catholique, en supposant *faux Dauphin* l'auteur de ces livres qui s'était qualifié *Duc de Normandie*, supposition qui a laissé intact le *problème*, bien moins résolu alors qu'aujourd'hui, de l'*évasion du Dauphin et de son identité*.

La Cour d'appel de Paris, je vous l'ai prouvé, est tombée dans la plus grave, dans la plus fatale des erreurs judiciaires (elle si compétente pour résoudre *juridiquement* la question) en rejetant les conclusions « des Naundorff » tendant à établir que leur père était le *vrai Duc de Normandie ;* et vous voudriez que les mots *qui se falso jactat*, parce qu'ils se trouvent au bas d'une sentence du Saint Siége qui n'avait à juger qu'une question *de doctrine*, et non une question *d'état civil*, soient l'expression d'une *vérité historique démontrée!* Si c'est là votre logique, ce n'est pas la nôtre.

Direz-vous que, pour un catholique, l'Eglise, anciennement compétente, doit ou peut être encore actuellement considérée comme *habile* à juger et à connaître des *questions d'état?* — Je l'admets, et je vous déclare sans peine que je suis volontiers partisan de cette ancienne pratique. Seulement, dans les cas de cette nature, l'Eglise ne procède pas sommairement, et ne tranche pas la question par un *qui se falso jactat ;* elle renvoie la question devant un tribunal spécial qui s'appelle l'*Officialité*, et alors on assigne, on plaide, on ordonne des enquêtes conformément aux règlements sur la procédure à suivre devant les tribunaux ecclésiastiques, puis les juges rendent la sentence en pleine connaissance de cause.

Il m'est facile de vous en citer un exemple, c'est un jugement du 29 mai 1824, rendu par la Cour ecclésiastique de Faenza (Italie) « entre Son Excellence *Marie Newboroug Sternberg*. « domiciliée à Ravennes, demanderesse d'une part; et M. le « comte Charles Bandini, comme curateur judiciairement député « pour MM. le *comte Louis* et la *comtesse de Joinville* et pour « tout autre absent qui aurait ou prétendrait avoir intérêt en « cause, défendeur... » — La demanderesse, Son Excellence Newboroug Sternberg Maria-Stella-Petronilla, inscrite, sur l'acte de naissance produit au procès, comme née à Modigliana (dans les Etats de Toscane et du diocèse de Faenza), des époux Lorenzo, fils de Ferdinand Chiappini, huissier public de cette terre, et de Vincenzia Diligenti, le 16 avril 1773, et baptisée le lendemain, prétendait être née le même jour des époux M. le comte et Mme la comtesse de Joinville, Français, demeurant alors dans la terre de Modigliana.

Le tribunal ecclésiastique de Faenza, saisi de cette grave affaire, de cette question d'état, la jugea après avoir épuisé tous les moyens de preuve, après avoir ordonné une enquête malgré le défaut personnel de M. le comte Louis et Mme la comtesse de Joinville, représentés par M. le comte Charles Bandini, curateur judiciaire nommé d'office.

Voici quelques-uns des *considérants* de cette sentence de la Cour ecclésiastique de Faenza :

« Considérant....... que, lorsqu'il y a un commencement de « preuve par écrit, comme dans le cas présent, on peut, même « dans les questions d'état, introduire la preuve testimoniale et « tout autre argument.....; considérant que des dispositions « judiciaires et assermentées des témoins Marie et Domini- « que-Marie, sœurs Bandini, il résulte clairement avoir eu « lieu la convention, entre M. le comte et le sieur Chappini, de « troquer leurs enfants respectifs dans le cas où la comtesse

« donnerait le jour à une fille et la femme Chiappini à un gar-
« çon. . . . .

« Qu'il résulte clairement de toutes les choses jusqu'ici mo-« tivées, et de plusieurs autres existant aux actes, que Maria « Stella fut faussement indiquée dans l'acte de naissance comme « étant fille des époux Chiappini, et qu'elle doit sa naissance à « M. le comte et Mme la comtesse de Joinville, qu'il est, en « conséquence, de toute justice d'accorder la correction de l'acte « de naissance que réclame maintenant cette même Maria « Stella.....

« Ayant répété le très saint nom de Dieu, nous disons, arrê-« tons et jugeons définitivement que l'on doit rejeter, ainsi que « nous rejetons, les exceptions de M. le curateur susdit... et, « par conséquent, nous avons aussi dit, arrêté et définitivement « jugé que l'on ait à rectifier et corriger l'acte de naissance « du 17 avril 1773, inséré aux registres baptismaux de l'église « priorale de Saint-Etienne, pape et martyr, à Modigliana, dio-« cèse de Faenza, où il se trouve que Maria Stella est indiquée « comme étant la fille de Laurent Chiappini et de Vincence « Diligenti, et qu'on ait, au contraire, à l'indiquer fille de M. le « comte Louis et de Mme la comtesse de Joinville, Français, « auquel effet nous avons également arrêté que la rectification « dont il s'agit soit opérée d'office par notre greffier (1)..... »

(1) C'est notre impartialité et la violence des attaques de l'*Univers* qui nous ont obligé à résumer cette lamentable aventure. Depuis plusieurs années nous étions au courant de l'histoire de celui qui, en 1773, vivait à Modigliana, sous le nom de comte de Joinville. Nous l'avons puisé dans les *Mémoires* de Maria Stella, publiés à Paris en 1838, sous ce titre : *Maria Stella, ou échange criminel* d'une demoiselle du plus haut rang contre un garçon de la condition la plus vile. Michaud, l'un des auteurs et éditeurs de la *Biographie universelle*, a fait la *biographie* de ce comte de Joinville, ainsi qu'on peut s'en assurer en lisant l'opuscule publié récemment à Lyon et intitulé : *Lettres sur le présent et l'avenir de la France*, par un vieux légitimiste. L'*Indépendant de Boulogne-sur-Mer* a reproduit toute cette histoire dans ses numéros de septembre 1883. L'ouvrage de Michaud est aussi devenu très rare, mais il en existe des exemplaires. Le silence prudent que l'on garde sur toutes ces choses, tandis qu'on déverse des torrents de fiel sur la vraie famille royale, tout cela nous a

Ensuite de cette sentence, l'acte de naissance de la demanderesse Son Excellence lady Newboroug, baronne de Sternberg (Maria-Stella-Petronilla), fut rectifié définitivement dans les formes et termes qu'on pourra lire dans les ouvrages indiqués à la note précédente.

Qui était ce comte Louis de Joinville, Français, qui demeurait, en 1773, « dans la terre de Modigliana, et s'y livrait à des opérations qui ont provoqué le procès jugé, le 24 mai 1824, par la Cour ecclésiastique de Faenza ? Qu'est-il devenu ? Où, quand et comment est-il mort ? Sous quel nom a-t-il été enregistré dans les actes de décès de son pays ? (car il ne paraît pas qu'il soit mort à Modigliana)... Qu'est devenu le garçon qu'il avait troqué contre sa propre fille ?... L.-G. Michaud, l'un des auteurs et éditeurs de la *Biographie universelle,* et d'autres encore pourraient vous l'apprendre (1).

Pour moi, je ferme volontiers les yeux sur cette « abomination », sur cet « homme perdu » qui se vante mensongèrement, « *qui falso se jactat* », d'avoir un garçon lorsque la Providence lui donne une fille...

Quant à lady Newboroug, baronne de Sternberg (comtesse de Joinville), dont tout le tort était d'être née « fille du plus haut rang », pour des raisons bien légitimes et toutes naturelles, elle a eu à cœur toute sa vie de revendiquer sa véritable origine. Forte du jugement rendu par la Cour ecclésiastique de Faenza, elle vint en France, vers la fin du règne de Charles X, pour y faire rendre exécutoire le jugement ecclésiastique rendu en sa faveur. La révolution de juillet ayant éclaté précisément au moment où « le duc de Duras devait examiner (par ordre) les motifs de sa demande », elle ne dut plus espérer faire déclarer

fait cacher un coin du rideau. A nos adversaires maintenant de dissiper le doute que ces étranges révélations peuvent faire naître dans beaucoup d'esprits.

(1) Le résumé de la vie de *Maria Stella*, baronne de Stemberg, se trouve dans une lettre qu'elle adressait de Paris, le 19 décembre 1838, à M. le Garde des Sceaux, ministre de la justice sous Louis-Philippe, et qu'on lira aux pièces authentiques.

exécutoire dans sa patrie le jugement définitif qui établissait sa véritable filiation.

Oserez-vous, Monsieur, blâmer cette femme, victime d'une substitution au moment même de sa naissance, d'avoir fait ce qu'elle a fait pour revendiquer le plus sacré des *droits*, celui du sang, celui de la filiation qu'on ne peut ravir sans outrager la morale, la loi naturelle, la loi de Dieu, sanctionnées par toutes les lois humaines, civiles et pénales ?

Oserez-vous blâmer la Cour ecclésiastique de Faenza de ce que, foulant aux pieds toute considération *de raison d'Etat,* pour ne voir qu'une *question d'état* là où il ne doit pas y avoir autre chose, elle a, par sa sentence du 24 mai, laissé à Chiappini ce qui était à Chiappini et rendu à Joinville ce qui était à Joinville ?

Oserez-vous placer au dessus de tous, en les préférant aux descendants du vrai Duc de Normandie, celui et les descendants de celui qui, bénéficiant sciemment du plus abominable des trocs, répudia sciemment son vrai père et sa véritable mère pour satisfaire la plus coupable des ambitions, et devenir l'instrument de la plus ténébreuse et de la moins française des politiques ?

Verrez-vous autre chose qu'une éclatante *représaille* de Dieu dans cette sentence ecclésiastique du 29 mai 1824, rendue par des juges éclairés, consciencieux et indépendants, moins de quatre ans après cette fameuse *protestation contre l'authenticité de la naissance du Duc de Bordeaux* que, sur la foi d'un historien le plus consciencieux, j'ai cru devoir rappeler à votre souvenir ?

Oserez-vous m'accuser de manquer publiquement au huitième article du décalogue, d'être l'adversaire du droit, l'esclave de l'opinion, le serviteur du riche puissant, l'instrument « à gages » d'une coterie quelconque..., en un mot, oserez-vous m'accuser d'être un *conjuré* contre la *vérité,* la *justice* et le *droit,* ces trois colonnes de l'ordre social et politique, parce que j'ai fièrement relevé le gant que, sans réflexion (j'aimerais à le croire) et avec la plus légère des précipitations, vous avez insolemment jeté à la face de toute une famille et de ceux qui, ne voulant rien attendre des calculs humains, n'ont qu'une passion au cœur, celle de la *vérité*, qu'un drapeau, celui du *droit*, qu'une arme et un bouclier, *la justice ?*

Je vous pose nettement toutes ces questions, et je vous attends le pied ferme. Que si, maintenant, vous allez vous dérober, vous n'en serez que plus vite et plus sommairement jugé par ceux-là mêmes qui ont pu applaudir à vos exploits. Oui, à moins que vous ne reveniez de votre erreur (*errare humanum, perseverare diabolicum*), cette campagne aura été votre Tonkin, et il ne vous siéra plus, désormais, de jeter la pierre aux falsificateurs de dépêches.

Que d'erreurs en ce monde, Monsieur Pierre Veuillot, que d'erreurs ! Mais revenons à celle du duc de Normandie, ce ne sera pas long. — J'ai qualifié cette erreur « un faux mysticisme » jugé et condamné par le Saint Siége, comme connexe aux « délires » de Vintras. Or, là où il y « délire », « erreur exécrable », n'est-il pas permis de voir un état spécial de l'âme généralement appelé *obsession ?* — Je n'ai pas à me prononcer sur ce point, n'étant pas théologien : mais cet état d'*obsession* a pu être celui du duc de Normandie pendant son séjour en Angleterre.

Est réellement obsédé tout être humain qui, mu par une force, par une puissance visible ou invisible et supérieure à lui-même, ne sait ou ne veut lui résister, et devient ainsi, sous le charme de cette puissance, un instrument secondaire ou passif qui obéit, parle et agit sous l'inspiration directe de l'être qui est parvenu à s'emparer des facultés de son intelligence et de son âme... Or, c'est absolument l'idée que vous inspirez du « prince » à vos lecteurs en faisant allusion à « *ses conversations abracadabrantes avec son ami l'Ange* ». Comme vous avez écourté les citations, je vous en donnerai une rapportée par *Simon* Brugol dans ses « très curieux articles » du *Messager de Toulouse* (novembre 1884), et qui est elle-même extraite de la *Voix d'un proscrit* (p. 433) :

« ... Moi, Charles-Louis, duc de Normandie, qui *écris ceci,*

« j'ai reconnu que la sainte volonté de l'Eternel Tout-Puissant « est infaillible..., j'atteste et je confesse devant Dieu et devant « l'univers qu'en accomplissant ce devoir..., je suis guidé par « l'Ange du Tout-Puissant, qui me parle en esprit et en vérité. « J'atteste et je confesse encore que cet Ange est celui qui m'a « *dicté* et *fait écrire* la *Doctrine céleste*... En livrant à l'impres- « sion et en publiant cette doctrine, je me suis conformé aux « ordres de Dieu, que j'ai reçus par la bouche de son Ange, le « même qui me dirige aujourd'hui... je vais donc transcrire ce « que m'a dit l'Ange de l'Eternel pendant qu'il me dictait la « *Doctrine céleste, et depuis*... Voici ce que j'ai appris des servi- « teurs de l'Eternel, je le donne purement et simplement, comme « je l'ai reçu d'eux, sans rien retrancher ni ajouter... » — (Voir *Messager de Toulouse,* 8 septembre : *la Voix d'un proscrit,* p. 433 et suiv.)

Ces citations sont bien authentiques, et scrupuleusement extraites. Y a-t-il dans ces paroles les signes, les caractères de l'obsession dont j'ai parlé? Trouve-t-on dans l'être humain qui les a écrites, l'*obsédé* dont je vous ai fait le portrait tout à l'heure? Simple question (1).

(1) Cette question trouve au moins un principe de solution dans la lettre suivante qui, en signalant les prétendues visions du Prince, fait en même temps justice des affirmations de M. Veuillot écrivant, dans ses articles, que le duc de Normandie avait été méconnu et renié comme tel, par ses meilleurs amis :

« Paris, 21 février 1874.

« *A M. Jules Favre, avocat.*

« Monsieur,

« J'ai été douloureusement ému hier, dans la cause de vos nobles et « infortunés clients, en entendant M. l'avocat général Benoist donner lec- « ture à la Cour d'une déclaration que je reconnais avoir signée en effet « (vers 1842), avec plusieurs de mes amis, et qui contenait une protes- « tation fort vive contre les publications religieuses faites par le père de « vos clients.

« Monsieur l'avocat général a pu considérer, et a voulu faire valoir cette « pièce comme une rétractation des témoignages que nous avons si sou- « vent rendus en faveur de la cause que vous plaidez avec tant de zèle.

« Je proteste, Monsieur, en mon nom et au nom de mon frère, J.-L.

Lorsque Henri VIII, roi d'Angleterre, après avoir défendu le catholicisme, se séparait de l'Eglise romaine, et se déclarait le chef de l'Eglise d'Angleterre, affirmait-il simplement, comme le fit plus tard le duc de Normandie, qu'il était guidé par « l'Ange du Tout-Puissant » lui parlant « en esprit et en vérité »? Non : Henri VIII puisait ses inspirations dans son orgueil, dans ses passions et ses convoitises ; aussi ne fut-il pas *obsédé*, mais bien *hérésiarque*.

L'un ne fit du mal qu'à lui-même, en faisant la douleur de sa famille et de ses amis : l'autre plongea tout un royaume dans les ténèbres de l'erreur. Si les doctrines de tous les deux ont

« Laprade, je pourrais même ajouter au nom de tous les signataires de « cette pièce, contre cette interprétation, qui est tout à fait erronée.

« Cette protestation n'était dirigée que contre les agissements reli- « gieux et les prétendues visions du personnage en qui nous n'avons « jamais cessé de reconnaître le fils infortuné de Louis XVI.

« A cette époque, nous eussions été heureux peut-être de pouvoir être « convaincus d'erreur ou même simplement d'admettre des doutes sur « cette question d'identité.

« Mais plus nous sondions notre conscience à ce sujet, plus nous ré- « pétions entre nous : *Et pourtant, c'est bien lui! Oui, c'est bien lui!* Ma « conviction est donc et a toujours été inébranlable : elle ne s'est pas « formée légèrement, Monsieur ; elle a saisi mon esprit malgré toutes « mes préventions, contre tous nos intérêts.

« J'ai suivi en Prusse ce personnage, depuis son arrivée dans ce « royaume, en 1810, jusqu'à son départ, en 1833.

« J'ai vu à Berlin, à Spandau, à Crossen, toutes les personnes qui l'ont « connu dans l'intimité ; j'ai obtenu la communication de documents que « l'on cache aujourd'hui, mais que M. le ministre de Rochow mit alors « à ma disposition, sur la croyance où il était que j'étais envoyé par un « groupe légitimiste de France peu favorable aux prétentions dont j'allais « vérifier l'origine.

« J'ai acquis ainsi un ensemble de preuves tel que l'esprit le plus « rebelle est forcé de se rendre.

« Vous pouvez, Monsieur, faire de cette lettre l'usage qui vous con- « viendra : puisse-t-elle servir à la manifestation de la vérité!

« J'ai l'honneur d'être, Monsieur, avec la considération la plus distin- « guée, votre très humble et obéissant serviteur,

« Xavier LAPRADE.

« Paris, 15, rue d'Abbeville. »

(J. Favre, plaidoirie, p. 356-367).

été justement condamnées, l'*identité* de l'un et de l'autre demeure intacte ; et les erreurs de l'un (l'obsédé) sont aussi anéanties que les erreurs de l'autre (l'hérésiarque) sont encore vivantes aujourd'hui.

Une fumée sortie « du puits de l'abîme » vint un jour obscurcir l'intelligence d'un roi proscrit de sa patrie au mépris de toute justice : persécuté par les siens, méconnu par les bons, n'ayant pu recevoir sur les choses de la religion que les notions les plus élémentaires, ce prince exilé prit cette fumée pour un rayon de lumière céleste, et s'en laissa envelopper comme d'un nimbe : s'effaçant tout entier, il écrivit sous le feu de cette inspiration, sous le charme de cette absorption de lui-même par le *génie* ou l'*esprit,* il écrivit comme le *medium*, si cultivé et si recherché de nos jours, écrit et parle sous l'influence *spirite* à laquelle il s'est volontairement abandonné ou contre laquelle il n'a pas assez cherché à se prémunir. — Voilà « l'erreur du Prince ».

Il s'est rencontré quelquefois des mères coupables, des marâtres qui, ne voulant supporter les tendresses et l'amour de leur fils premier-né, dans lequel germaient toutes les plus belles vertus, les plus nobles qualités, et ne pouvant répudier légalement ce fruit de leurs entrailles, le chassèrent brutalement du foyer domestique en l'assimilant à un vagabond, afin qu'il n'inspirât aucune pitié. On apprend un jour que l'enfant s'est égaré, et que le Vicaire de Jésus-Christ a dû lancer sur lui l'anathème. Si la mère, au lieu de gémir sur elle-même, sur ses propres égarements, sur ses coupables liaisons avec les gens cupides et pervers qui lui ont fait méconnaître et chasser son fils premier-né, si cette mère, au lieu de demander pardon à son fils, et de demander pardon pour lui, persiste à le répudier et s'écrie effrontément : Cet homme n'est pas, ne peut pas être mon fils... C'est un infâme!... que penseraient les vraies mères, les hommes d'honneur et le Vicaire de Jésus-Christ lui-même?

Voilà encore « l'erreur du Prince » expliquée par la conduite de la France et des gouvernements auxquels elle s'est livrée en ne voulant pas reconnaître son fils premier-né à ces signes qui ne trompent jamais, ne peuvent jamais tromper, et sur lesquels on ne ferme jamais impunément les yeux pour ne pas les voir.

Mais l'anathème! Oui, l'anathème est tombé : mais cette fois en tombant il a produit ce qu'il devrait toujours produire ; il a détruit et refoulé dans le puits d'où elle était sortie cette erreur bien plus insensée encore qu'elle ne pouvait être dangereuse. Et qui a été le vaincu ici? Qui a été terrassé? L'*Ange*, c'est-à-dire le tentateur, le démon : l'*ange* terrassé, c'est l'homme qui revit, reparaît et qui, s'adressant à celle qui l'a répudié et méconnu, à ceux qui ont séduit et corrompu la France sa mère, vient dire à tous : Oui, j'ai erré... Mais où sont, dans la Famille française dont ma naissance m'avait fait le Chef, où sont, dans cette France par laquelle et pour laquelle j'ai tant souffert, où sont, dans toutes les nations civilisées, où sont les victimes de mon erreur? Où est la contrée, où est la génération, où est le foyer domestique qui puisse me dire : *J'ai sucé dans ta doctrine que je croyais céleste le venin d'une erreur mortelle, je suis atteint dans toutes les parties de mon être, je suis inguérissable par ma propre vertu ; par toi, par ta doctrine, j'ai vu tout sombrer, j'ai vu l'Autorité renversée, la morale outragée, les croix brisées, les sanctuaires profanés, le Christ blasphémé, j'ai vu tout mettre à l'encan, et tout sacrifier à Mammon ; je vais voir renverser le dernier autel, briser le dernier chandelier, éteindre la dernière lampe, je vais voir laïciser le dernier hôpital, la dernière école... Vas, tu es plus impie que le* LIBÉRALISME *qui ne veut que le renversement de la moitié de toutes ces choses pour faire siennes celles qui resteront debout pendant un temps... Mais, avec toi... plus d'autorité légitime, plus d'autels, plus de foyer... et bientôt plus de patrie!*

A cette confession de l'obsédé de Camberwell que répondre? A cet examen consciencieux qu'il fait de ses fautes et de celles de la France, que reprocher? Contre cette réhabilitation qui s'impose d'elle-même aujourd'hui, quel rempart dresser pour l'empêcher de s'imposer aux plus superbes? Et ceux que cette réhabilitation offusque, par quels moyens espèrent-ils empêcher les clairvoyants de voir et de saluer en elle la prochaine réhabilitation de la France, lorsque ce mot magique Louis XVII, planant au dessus du vacarme des partis, devient, malgré tout, un signe, un cri de ralliement, et le gage d'un prochain retour à l'Unité !

Voilà l'anathème : voilà ce qu'il répond aujourd'hui à ceux qui prétendent s'en faire une arme contre le Droit.

Plaise à Dieu que cet autre esprit, cet *ange* tout aussi déchu, qui porte sur ses ailes cette devise *Libéralisme,* et dicte partout en France, depuis près d'un siècle, cette *doctrine* nouvelle qui, elle non plus, n'a rien de *céleste,* qui, elle aussi, a été frappée d'*anathème*, plaise à Dieu qu'il ne nous donne pas le plus affreux des vertiges en nous faisant le préférer au véritable Esprit de Dieu qui dicta *le syllabus* à Pie IX !

Plaise à Dieu que, *Prince* et partisans, sortant, l'un de son mutisme calculé, les autres, de l'ornière où ils se traînent, prononcent enfin la déchéance de cet ange *libéral,* néfaste et maudit ! ! Alors seulement ils cesseront d'être pharisiens ; et, reconnaissant le vrai Roi là où il est, dans « l'horloger de Spandau », dans le proscrit de 1836, dans le fils aîné de cette grande victime qui fut Louis XVII, l'unique obstacle à l'accomplissement des desseins de Dieu aura disparu ; alors seulement la France sera ressuscitée.

Je m'arrête, Monsieur, après vous avoir suivi pas à pas dans cette discussion que vous avez engagée pour établir ce que, dès la première ligne de votre réquisitoire, vous appelez effrontément : *L'imposture des Naundorff.*

Ma conclusion est diamétralement opposée à la vôtre ; par la force des choses, j'ai été amené à voir *l'imposture* s'étaler sans pudeur, pendant plus d'un mois et demi, dans les colonnes d'un journal dont j'étais habitué à accepter les appréciations sans crainte de me fourvoyer ; j'ai été amené à voir *l'imposture* se « maquillant » avec l'encre et le pinceau d'un journaliste catholique, pour se dissimuler davantage, et augmenter le nombre « desdupes ». J'ai renduà chacun sa physionomie propre, flétrissant ce qui devait être flétri, laissant ou restituant à chacun sa marque d'origine.

En attendant que l'histoire, prononçant définitivement entre vous et nous, décide de quel côté se trouve l'*erreur*, nous voilà en présence de nos contemporains, vous fier, peut-être, d'avoir fait une triste besogne, moi heureux d'avoir rempli un devoir.

Est-il nécessaire, maintenant, que je relève les injures que vous jetez gratuitement à la face des membres d'une famille dont vous ne pourrez jamais démontrer ou prouver l'origine « juive » et dont je crois avoir démontré l'origine française et royale? Est-il nécessaire que je lave la noble et digne figure du *chrétien et très chrétien* Louis-Charles de Bourbon de ce soupçon d'hypocrisie dont, avec une joie toute pharisaïque, vous avez essayé de la souiller?

Cracher à la figure d'un converti, d'un grand converti, d'un vrai *converti,* quand on est le neveu de ce grand *converti* qui s'appelait Louis Veuillot, cela me paraît tout au plus digne d'un juif!...

Et quant à l'avenir, Dieu seul le connaît. (J. Favre, p. 332.)

Admettez que, par un de ces retours de la Providence auxquels on ne s'attend pas toujours, mais qui arrivent quelquefois, admettez que la lumière se fasse, sur cette grave question, dans les esprits les plus récalcitrants comme elle s'est faite dans l'intelligence de ceux qui, l'ayant approfondie, sont arrivés à une conclusion diamétralement opposée à la vôtre, après tout ce que je vous ai dit et démontré, ce n'est pas impossible. Que verrions-nous alors? Beaucoup de ceux que vous avez pu séduire avec tout l'art d'un prestidigitateur, « passeraient », avec joie, d'*Orléans* à Louis-Charles de Bourbon : vous resteriez seul avec Le Chartier, poussant tous les deux ce cri de rage : *Tu as vaincu, Naundorff!!...*

CONCLUSION

Notre tâche est remplie. Une fois de plus *Louis XVII est vengé :* il est vengé de la haine implacable de ses ennemis. — Aujourd'hui plus que jamais Louis XVII a raison de la *raison d'Etat;* et pour les persécuteurs de sa mémoire, il est devenu le spectre qui effraie.

Les fanfarons qui se cachent derrière le journal l'*Univers* ont beau ricaner, plaisanter, insulter, outrager, calomnier, ils ont peur. C'est en vain que, pour les rassurer, la plume, peut-être inconsciente, d'un jeune écrivain a essayé de renverser ce qui seul reste debout en France, *la survivance du Roi-Martyr,* ce qui seul plane au dessus de toutes les compétitions, ce qui seul échappera au naufrage qui menace de tout engloutir, ce qui seul garde le germe fécond de cette régénération sociale vers laquelle aspire l'Europe entière.

Les attaques du journal l'*Univers* ont été le plus outrageant des défis; nous avons été heureux et fier de l'accepter, ce défi : nous sommes descendu courageusement dans l'arène, fort du droit que nous protégeons, de la vérité que nous vengeons, de la justice que nous sauvegardons, et ne craignant pas de dire que nous avons ainsi loyalement, courageusement, chrétiennement servi la France.

On nous demandera peut-être sur quoi ou sur qui nous comptons pour le triomphe de la plus française et de la plus méconnue des causes. Nous comptons sur Dieu, et sur Dieu seul, sur son intervention immédiate, directe, comme aux jours de Constantin, de Clovis, de Jeanne d'Arc.

« *Lorsque Dieu efface, c'est pour écrire* », disait Joseph de Maistre. Or, il y a longtemps que Dieu efface : depuis près d'un siècle, il efface toujours, il efface tout ce qui ne porte pas l'empreinte de la vérité, de la justice et du droit. Napoléon Ier, Louis XVIII, Charles X, Louis-Philippe, le gouvernement des barricades, Napoléon III, le quatre septembre, l'ordre moral, l'ordre actuel, tout a été effacé, tout a été englouti, tout a disparu, tout s'en va, tout est loin. Avec les épaves de ce grand naufrage, nos prétendus sauveurs, nos politiques prétendent reconstituer une France à leur image, ils ne s'aperçoivent pas qu'ils ne sont que les ouvriers d'une nouvelle tour de Babel. Ils appellent délire, extravagance, folie nos justes revendications, ils ne comprennent pas, ils ne veulent pas comprendre que *la période de la confusion des langues* est ouverte depuis le coup de foudre du 24 août 1883... : ils ne voient pas que cette période arrivant à sa crise aiguë, amènera infailliblement le plus terrible des déchirements, et que l'on en est à se demander si la France sera assez robuste encore pour supporter ce coup de *forceps* que nos chirurgiens politiques se préparent à lui donner pour faire sortir de ses entrailles tout autre chose que la monarchie héréditaire selon *la loi salique*.

Il est donc bien vrai que Dieu « efface » toujours, qu'il efface d'avance tous les programmes qui s'élaborent avec tant d'opiniâtreté en dehors de la vieille et immuable constitution française. Depuis que les politiciens ont voulu la déchirer, l'effacer, cette vieille constitution, tous leurs efforts n'ont abouti qu'à inaugurer l'ère des *programmes*... — Y a-t-il, à l'heure actuelle, en dehors des manifestes royaux du prince Louis-Charles de Bourbon, seul vrai roi de France par sa naissance, y a-t-il autre chose que des programmes, et qui peut les compter...! Si Dieu a effacé toutes les chartes modernes, toutes les constitutions impériales et autres, donnera-t-il un germe de vie à ces programmes qui tous sont une insulte au droit proclamé, à la vérité démontrée ?

Si Dieu efface, il écrit aussi : il écrit que la race de saint Louis n'est pas éteinte; il écrit que cette race a souffert, qu'elle a expié, qu'elle a racheté, qu'elle est réconciliée avec lui, qu'elle s'est consacrée à son Sacré Cœur, il écrit que l'heure va sonner où il se montrera aussi fidèle aux promesses qu'il a faites il y a deux cents ans, au Fils aîné de son Eglise, qu'il s'est montré fidèle aux promesses faites à Abraham...

Oui, Dieu écrit tout cela : il nous le fait lire à la lueur des événements qui s'accomplissent, à la lueur des faits qui se produisent au grand jour. Les négations, les ricanements n'effacent rien, n'effaceront rien, n'effaceront jamais ce qui est écrit, ce qui est accompli, ce que Dieu a enregistré, ce que les générations futures loueront, ce que la génération présente louera et acclamera elle-même dans les transports d'une sainte allégresse.

Voilà comment il nous paraît que Dieu efface et écrit en même temps.

Il y a plus de cinquante ans, le grand historien de Christophe Colomb donnait à la France un livre impérissable, *Le Christ devant le siècle*. Le siècle affolé ne prit pas garde au Christ. Les effondrements qui ébranlent notre vieux sol, nous font voir à l'heure présente que le Christ ne passe pas, et qu'il faut compter avec Lui, avec sa justice, si l'on ne veut pas subir le sort des nations condamnées. La voix des événements devient tellement puissante, que volontiers nous aurions écrit sur le frontispice de notre livre, *Louis XVII devant le siècle,* pour lui faire son procès, à ce XIXe siècle qui n'a cessé de méconnaître, de proscrire, de maudire peut-être un roi innocent, le plus infortuné des princes. Ayant eu à répondre aux attaques d'un pamphlétaire qui s'est complu à souiller ce qui est pur, à dénaturer ce qui est vrai, à rapetisser ce qui est grand, nous avons dû comprimer bien des élans, et emprunter son diapason à notre adversaire pour lui démontrer, pour démontrer à tous que sa note était fausse.

Nous croyons avoir fait bonne justice de toutes les inepties, de tous les mensonges, de toutes les erreurs, de toutes les calomnies, de tous les outrages à l'aide desquels le collaborateur d'un journal catholique prétend avoir dressé une barrière infranchissable entre la vérité et nous, entre l'histoire et nous, entre la conscience nationale et nous, entre l'honnêteté, l'indépendance et nous, qu'il appelle des serviteurs ou des écrivains « à gages ».

Quant à notre pensée prédominante, elle se formule ainsi : Deux crimes sociaux irritent le Ciel contre la nation, qui justifiait encore, il y a un siècle, son titre de Fille aînée de l'Eglise : un crime de *lèse-majesté divine,* c'est celui de tous les révolutionnaires ; un crime de *lèse-majesté très chrétienne,* c'est celui de tous les persécuteurs de Louis XVII, celui de tous les irréconciliables ennemis de sa race. Plaise à Dieu que ce double crime n'amène pas un double châtiment.

Saint-Jean-de-Maurienne (Savoie), 24 juin 1885.

B. DAYMONAZ,
Avocat, docteur en droit.

NOTA. — Le tirage de notre brochure était achevé lorsque nous reçûmes de Paris le petit volume intitulé : *L'imposture des Naundorff*, annoncé par l'*Univers* dans son numéro du 5 août.

Nous avons parcouru ce volume, qui n'est que la réédition des articles publiés récemment dans l'*Univers*.

Nous nous sentons assez fort pour pouvoir dire à nos lecteurs que nous n'avons rien à ajouter à notre réplique, qui demeure victorieuse quand même, et que nous n'avons rien à en retrancher ; on lira, on jugera.

M. Eugène Veuillot ayant fait une préface pour le « petit livre » en question, il partage aujourd'hui la responsabilité de M. Pierre, en même temps qu'il engage celle d'un grand journal catholique. Voilà, à nos yeux, ce qui « est humiliant », et, pour emprunter son langage à M. Eugène Veuillot, « voilà le comble ». M. E. Veuillot prétend que son fils « a pour assesseurs les faits et le bon sens » ; ici encore nous disons : « Voilà le comble ». Le jeune écrivain a eu pour assesseurs le mensonge, l'imposture, la calomnie ; nous croyons l'avoir démontré.

En exécutant comme nous l'avons fait ces tristes « assesseurs », nous avons contribué à rectifier « sous la forme vive de la polémique, une page d'histoire ».

B. D.

PIÈCES JUSTIFICATIVES

1° LES LETTRES DE LAURENT

Nous croyons utile de placer ces lettres sous les yeux du lecteur, bien que nous n'en ayons pas fait un argument de notre démonstration.

« Mon général,

« Votre lettre du 6 courant m'est arrivée trop tard, car votre premier « plan a déjà été exécuté, parce qu'il était temps. *Demain, un nouveau « gardien doit entrer en fonction ; c'est un républicain nommé Commier « — Gomin,* — brave homme, à ce que dit B... — Barras ; — mais je n'ai « aucune confiance à de pareilles gens. Je serai bien embarrassé pour « faire passer de quoi vivre à notre P... — Prince ; — mais j'aurai soin « de lui, et vous pouvez être tranquille. *Les assassins ont été fourvoyés,* « et les nouveaux municipaux ne se doutent point que le petit muet a « remplacé le D... — Dauphin. — Maintenant, il s'agit seulement de le « faire sortir de cette maudite tour, mais comment ? B... — Barras — « m'a dit qu'il ne pouvait rien entreprendre à cause de la surveillance. « S'il fallait rester longtemps, je serais inquiet de sa santé, car il y a « peu d'air dans son oubliette, où le bon Dieu même ne le trouverait « pas, s'il n'était pas tout-puissant. Il m'a promis de mourir plutôt que de « se trahir lui-même ; j'ai des raisons pour le croire. *Sa sœur ne sait rien ; « la prudence me force de l'entretenir du petit muet comme s'il était son « véritable frère.* Cependant ce malheureux se trouve bien heureux, et il « joue, sans le savoir, si bien son rôle, que la nouvelle garde croit par- « faitement qu'il ne veut pas parler : ainsi il n'y a pas de danger.

« Renvoyez bientôt le fidèle porteur, car j'ai besoin de votre secours. « Suivez le conseil qu'il vous porte de vive voix, car c'est le seul chemin « de notre triomphe.

« Tour du Temple, le 7 novembre 1794. »

« Mon général,

« Je viens de recevoir votre lettre. Hélas! votre demande est impos- « sible. C'était bien facile de faire monter la victime; mais la descendre « est actuellement hors de notre pouvoir, car la surveillance est si « extraordinaire que j'ai cru d'être trahi. Le Comité de sûreté générale « avait, comme vous savez, déjà envoyé les monstres Mathieu et Rever- « chon, accompagnés de M. H., de la Meuse — Harmand, — pour con- « stater que notre muet est véritablement le fils de Louis XVI. Général, « que veut dire cette comédie? Je me perds et je ne sais plus que penser « de la conduite de B... — Barras. — Maintenant, il prétend de faire « sortir notre muet et le remplacer *par un autre enfant malade*. Etes- « vous instruit de cela? N'est-ce pas un piége? Général, je crains bien « des choses, car, *on se donne bien des peines pour ne laisser entrer per- « sonne dans la prison de notre muet, afin que la substitution ne devienne « pas publique;* car, si quelqu'un examinait bien l'enfant, il ne lui serait « pas difficile de comprendre qu'il est sourd de naissance et, par consé- « quent, naturellement muet. Mais substituer encore un autre à celui-là! « l'enfant malade parlera, et cela perdra notre demi-sauvé et moi avec. Renvoyez le plus tôt possible notre fidèle et votre opinion par écrit

« Tour du Temple, 5 février 1795. »

« Mon général,

« Notre muet est heureusement transmis dans le palais du Temple et « bien caché; il restera là et, en cas de danger, il passera pour le « Dauphin. A vous seul, mon général, appartient ce triomphe. Mainte- « nant je suis tranquille. Ordonnez toujours et je saurai obéir. *Lasne « prendra ma place quand il voudra.* Les mesures les plus sûres et les « plus efficaces sont prises pour la sûreté du Dauphin; conséquem- « ment, je serai chez vous en peu de jours pour vous dire le reste de « vive voix.

« Tour du Temple, le 3 mars 1795. »

2° LES MANIFESTES DE S. A. R. LE PRINCE LOUIS-CHARLES DE BOURBON

M. P. Veuillot accuse ce Prince d'avoir copié les manifestes du Comte de Chambord. Nous avons fait, dans notre introduction, justice de cette accusation.

Voici le manifeste du 18 décembre 1883 :

Louis-Charles de Bourbon à la Nation française.

« FRANÇAIS,

« La mort de mon cousin, Monsieur le Comte de Chambord, déchire « tous les voiles, et, en brisant sans retour des espérances mal fondées, « vous rappelle nécessairement le souvenir de l'Orphelin du Temple, « Louis XVII, mon infortuné père.

« Plus d'hésitation. Choisissez :

« Ou les Princes d'Orléans, c'est-à-dire la violation de la loi salique, « ce palladium antique de la patrie française ; les d'Orléans ! c'est-à-dire « l'incarnation vivante de la Révolution ;

« Ou bien le petit-fils du Roi-Martyr.

« Seul, le petit-fils de Louis XVI réunit tous les titres à votre amour. « Son aïeul et son père sont morts en priant pour la France. Lui-même « a souffert beaucoup et souffre encore.

« Vous connaissez la tradition presque séculaire qui a toujours affirmé « la délivrance de l'Orphelin du Temple, répudié par sa famille et par les « gouvernements qui furent les mystérieux instruments, et de la justice « éternelle et de ses vues de miséricorde infinie sur nous tous : *la Provi-« dence réservant le sang du Roi-Martyr pour mettre fin aux discordes.*

« FRANÇAIS,

« Le Fils aîné de Louis XVII, ému de vos désastres inouïs dans « l'histoire, vous tend une main pour vous relever ou pour périr glorieu-« sement ensemble : de l'autre il lève le drapeau blanc, marqué du signe « de la victoire, le *Sacré Cœur du Christ*, qui aime encore les Francs, « et vous offre de le conduire avec vous sur le chemin de l'honneur et « de la gloire.

« Légitimistes fidèles, hommes religieux de tous les partis, accablés « par l'inquiétude, la douleur, le désespoir, je viens vous dire :

« Non, rien n'est perdu !

« J'offre mon dévouement à l'Eglise. L'indépendance du Souverain « Pontife m'est chère et je suis résolu à l'affermir sur des bases inébran- « lables. Je veux que Dieu règne en maître. J'aspire à être le bras de fer « qui réalisera ce programme.

« Je veux une monarchie chrétienne, paternelle et forte !

« J'aurai pour les classes souffrantes les entrailles de Henri IV, mon « aïeul.

« Je veux l'égalité absolue devant la loi ; pour tous également, l'ad- « mission aux emplois et aux honneurs ; la suppression des abus ; la « diminution notable des impôts.

« Je protégerai l'agriculture, source de toutes richesses, de bien-être « et de moralité.

« Je m'occuperai avec sollicitude du sort de tous les ouvriers.

« Tel est mon programme à l'intérieur.

« A l'extérieur, je n'aurai d'autre mobile que la gloire de notre patrie, « et, pour agir, pas d'autres moyens que l'honnêteté et la force, mises au « service du droit.

« Je ramènerai enfin la religion, la paix et l'honneur sacrifiés pendant « près d'un siècle, par suite de la méconnaissance du dernier Roi légi- « time de France, mon infortuné père.

« Je suis le Droit et le pilote nécessaire !

« Teteringen, le 18 décembre 1883.

« CHARLES. »

Le jour de Noël, même année, ce Prince faisait la déclaration suivante que nous extrayons du journal *La Légitimité* (numéro du 6 janvier 1884) :

« Moi, Louis-Charles de Bourbon, fidèle au vœu de mon aïeul Louis « XVI, le Roi-Martyr, je déclare que, de mon plein gré, je renouvelle et « confirme le changement déjà fait des armes de notre Maison.

« Je veux que le Sacré Cœur brille dans notre écusson, qu'il soit brodé « dans nos étendards.

« Je consacre ma personne, ma famille et le royaume de France à ce « divin Cœur.

« CHARLES. »

Voici encore quelques passages d'une lettre adressée par le Prince à l'un des rédacteurs de *La Légitimité*, le 27 décembre 1883 :

« Mon manifeste est l'expression de ma conscience et de ma volonté. « J'ai le devoir de protéger les fils de feu mon frère, Charles-Edmond, « et de les reconnaître comme mes héritiers légitimes.

«... L'illusion n'égare pas mon esprit. Je sais que la cause que je repré« sente est humainement perdue ; mais je sais aussi que les passions « humaines seront impuissantes à empêcher Dieu de venger l'innocence « et de confondre le crime... L'ambition n'eut jamais de prise sur moi. « Une grande tâche s'imposait à ma conscience ; je l'ai remplie, c'était « mon devoir...

« Je n'ai jamais embrassé le protestantisme. Je puis donc, sans trop « de retard, reprendre la foi de mes ancêtres...

« Par l'obéissance aux lois de l'Eglise, la France retrouvera sa voca« tion sublime. Et je vais moi-même lui donner l'exemple de cette sou« mission, en accomplissant mes devoirs de catholique... Je dois agir « pendant que la grâce de Dieu parle à mon cœur, et ne pas remettre « au jour du triomphe ce qui aujourd'hui même s'impose à ma con« science...

« CHARLES. »

Voici le manifeste du 16 décembre 1884, daté de Paray-le-Monial.

Louis-Charles de Bourbon à la Nation française.

« FRANÇAIS,

« En présence des nouveaux attentats de la Révolution, j'ai le devoir « de vous signaler les maux qui nous menacent, et les moyens de les « éviter.

« Depuis un an, je parcours toutes vos provinces, cherchant à me « rendre compte par moi-même de vos souffrances et de vos besoins.

« Ce qui compromet notre avenir national, ce n'est ni la crise com« merciale, ni l'abandon de l'agriculture, ni la ruine de l'industrie. Ces « souffrances matérielles, fort graves sans doute, ne sont que l'effet « passager d'une politique aussi criminelle qu'insensée.

« La prospérité revient toujours avec un gouvernement qui sait trou« ver dans la foi catholique la lumière qui éclaire ses décisions et la « force qui les exécute.

« Un Roi qui aime son Dieu et son peuple est toujours invincible.

« Une nation qui aime son Dieu et son Roi est presque toujours « prospère.

« Mais ce qui me fait redouter le péril qui s'annonce, c'est le mépris de « l'autorité et l'affaissement des caractères.

« Habituées à ne voir au pouvoir que des aventuriers sans honneur ni « probité, les générations nouvelles ont perdu ce respect profond qu'a- « vaient nos pères pour ceux à qui Dieu a confié la lourde charge de « gouverner les peuples.

« Trompées par les illusions d'un libéralisme hypocrite, elles ont oublié « que la grande politique s'inspire toujours des enseignements infail- « libles du vicaire de Jésus-Christ.

« Enervées par les fausses doctrines, elles parlent de conciliation « quand il faudrait prendre l'épée et monter à cheval.

« Français,

« Prenez garde. Inspirée quelquefois par la sagesse, la conciliation « n'est souvent qu'un sentiment de lâcheté ou l'aveu d'une incurable « faiblesse.

« Sous prétexte de prudence et de conciliation on a tout laissé faire.

« Les associations religieuses ont été dissoutes.

« L'enseignement chrétien anéanti.

« La liberté du père de famille outragée et méconnue.

« L'indépendance de l'Eglise sacrifiée aux haines de la démagogie.

« La morale et la religion tournées en ridicule par des publications « obscènes et des caricatures indignes.

« Le budget des cultes, sans cesse diminué, vient de subir ces jours-ci « une nouvelle atteinte qui compromet les intérêts chrétiens.

« Enfin, les absurdités du parlementarisme inquiètent le patriotisme « et jettent la confusion dans les esprits.

« Encore un pas dans cette voie et c'en est fait du salut de la France.

« Français,

« En adhérant pleinement aux enseignements infaillibles de la Papauté, « la France retrouvera ses grandeurs passées et rentrera dans sa voca- « tion de fille aînée de l'Eglise.

« Je montre la voie à tous en déclarant que le *Syllabus*, la Bulle *Huma-* « *num genus* et les autres actes pontificaux indiquent ce que les peuples « doivent croire et ce que les rois doivent pratiquer.

« Obéir à l'Eglise et lutter contre la Révolution, voilà le salut.

« Pour faire exécuter ce programme il faut une autorité légitime, « n'ayant aucune attache avec la Révolution et ne relevant que de son « Dieu et de son droit.

« Fils aîné de Louis XVII, petit-fils du Roi martyr et gardien d'un

« dépôt sacré, je ne saurais pactiser avec la Révolution, ni abdiquer « aucun droit.

« Par ma naissance je suis votre roi.

« Si je viens à mourir en travaillant à votre régénération ou en com- « battant à votre tête, mes héritiers légitimes seront les enfants de mon « frère Charles-Edmond, décédé le 29 octobre 1883.

« Mon frère Adelbert et ses fils ne viennent qu'après eux.

« Je veille sur l'éducation de mon successeur. Il sera le digne fils de « Saint Louis; je vous en donne ma parole d'honnête homme et de « chrétien.

« Cette nombreuse descendance de Louis XVI, consacrée au Sacré « Cœur de Jésus, assure l'avenir de la Monarchie.

« Cet avenir est à nous parce que nous voulons être à Dieu.

« CHARLES.

« Paray-le-Monial, 16 décembre 1884. »

Ajoutons que, le 25 février 1884, le Prince Louis-Charles de Bourbon recevait le baptême sous condition; que, le 26 février, il faisait sa première communion, et recevait, le 6 mars suivant, le sacrement de confirmation.

Ce prince, devenu aujourd'hui vrai soldat de Jésus-Christ, fut aussi soldat comme son aïeul Henri IV. Pendant sept ans, volontaire dans le régiment des dragons blancs de l'armée néerlandaise, il s'y distingua comme très habile et très élégant écuyer, et s'y fit remarquer par son énergie.

La loi hollandaise exigeant des étrangers qu'ils se fassent naturaliser pour obtenir les grades supérieurs, notre prince, préférant garder sa nationalité française, quitta le service avec le grade de maréchal des logis. Inutile de dire qu'il était inscrit dans l'armée néerlandaise sous le nom de Bourbon.

Nous placerions ici les manifestes de M. le comte de Paris, s'il avait jugé utile à sa politique d'en publier au moins un. Nous sommes persuadé que, dans l'hypothèse où il aurait copié les manifestes du comte de Chambord, l'*Univers* aurait tenu à ce sujet un tout autre langage que celui qu'il a tenu en parlant des manifestes ci-dessus du prince Louis-Charles de Bourbon.

Mais si le comte de Paris ne copie pas les manifestes du comte de Chambord, il sait traduire à sa manière les doctrines révolutionnaires et athées de Paul Bert et Cie: voici ce qu'on lit dans *Le Présent et l'Avenir de la France*, par un *vieux légitimiste*, et autres ouvrages.

« Pour mon compte, écrivait le comte de Paris à M. Roger du

Nord (1), je veux rester fidèle aux principes de conduite qui m'ont été transmis par le testament de mon père ; je ne me séparerai jamais du grand parti libéral (c'est-à-dire franc-maçon) qui, en 1830, a appelé mon grand-père au gouvernement constitutionnel de la France. »

Toujours républicain, il écrivait à M. Elsingre, en 1871 :

« En toute occasion j'ai bien nettement établi que je ne prétendais qu'à une chose : la jouissance de mes droits de citoyen ; que j'étais prêt à servir mon pays de la manière que celui-ci voudrait; mais que je regardais toujours comme le seul et vrai gouvernement de la France celui que mon pays aurait choisi..... quant à moi, je sais déjà que je suis infiniment plus républicain que mes amis. » Au reste, ses deux ouvrages sur l'enseignement et sur les classes ouvrières respirent, comme ses paroles, les principes du libéralisme et de la franc-maçonnerie. Consulté par la commission d'enquête sur les conditions du travail en France, il a appelé l'instruction obligatoire un principe salutaire. « Aucun catéchisme particulier à aucune religion ne saurait être enseigné dans ces écoles, dit-il à la commission. Elles reçoivent de l'Etat des subventions. Ces subventions ne peuvent jamais être accordées pour l'instruction religieuse. » C'en est assez, n'est-ce pas, pour démontrer que si le comte de Paris n'a pas la laideur de la vie publique de ses ancêtres, il en a conservé les principes révolutionnaires, c'est-à-dire contraires à l'Eglise et à la France ? Quant à sa conduite envers Henri V, consultez les *Légendes de Frohsdorf* (2), elle vous paraîtra fort peu correcte, pour ne pas dire fort déloyale.

On voit par ces citations ce qu'il en est des principes religieux et sociaux de M. le comte de Paris.

Ce personnage serait-il vraiment d'Orléans et, à ce titre, héritier du trône de saint Louis, que ce serait un grand malheur pour la France, car il justifierait lui-même les paroles sorties de la plume de M. E. Veuillot, au lendemain de la mort du comte de Chambord : « L'ère de la « Monarchie chrétienne est close, et la révolution est victorieuse « absolument. »

Mais nous en avons dit suffisamment pour faire comprendre au lecteur que pas une goutte de sang royal ne circule dans les veines du comte de Paris, qui ne serait que le petit-fils de cet enfant né de Lorenzo Chiappini et de Vincenza Diligenti à Modigliana, lequel fut troqué contre Maria-Stella, baronne de Sternberg, la propre fille de Philippe-Egalité, qui voyageait en ce temps-là sous le nom de comte Louis de Joinville.

Et si l'on ajoute à ce fait la méprisable déclaration que Louis-Philippe-Joseph, dit Egalité, fit à la commune de Paris, en 1792, sur les dérèglements

(1) A l'occasion de la fusion.

(2) *Les Légendes de Frohsdorf*. Paris, au bureau du *Droit monarchique*, 17, rue Saint-Marc.

de sa mère et l'illégitimité de sa propre naissance (1), on sera bien assuré qu'il ne circule pas dans les veines de cette famille une goutte du sang d'Henri IV.

Nous ne faisons que signaler ces faits, dont la gravité n'échappe à personne. — Ce n'est pas nous qui les livrons pour la première fois à la publicité : nous les extrayons de l'ouvrage intitulé : *Biographie ou Vie publique et privée de Louis-Philippe d'Orléans et roi des Français, depuis sa naissance jusqu'à la fin de son règne*, par L.-C. Michaud, l'un des auteurs et éditeurs de la *Biographie universelle*. (Ouvrage imprimé à Lagny, typographie de Giroux et Vialat, édité à Paris, au bureau de la Biographie universelle, rue du Bouloi, 22. 1849.)

Cet ouvrage est fort rare, mais il en existe des exemplaires ; nous en avons un entre les mains : notre responsabilité est donc entièrement à couvert ; nous n'avons rien inventé, nous n'inventons rien. — M. P. Veuillot peut-il en dire autant ? ?

Ce que nous venons de dire se trouve encore confirmé par la lettre suivante, extraite de l'ouvrage intitulé : *Maria-Stella, ou échange criminel d'une demoiselle du plus haut rang contre un garçon de la condition la plus vile* — deuxième édition — à Paris et dans les départements, chez les principaux libraires — 1838 — imprimerie de D'Uturbie et Worms, 17, rue Saint-Pierre-Montmartre.

Après la table des matières se trouve le document suivant, intitulé : *Copie d'une lettre adressée à M. le Garde des sceaux, ministre de la justice.*

Monsieur le Ministre,

« Je m'adresse à vous, comme chef de la magistrature française. Ce « n'est pas une faveur que je réclame, mais justice ; je dois à mon hon- « neur et à ma naissance, de me purger d'une fausse accusation « accompagnée d'une sentence arbitraire. Le 15 du mois dernier, un « commissaire de police m'a présenté un ordre de quitter Paris dans « quatre jours, et la France dans huit, portant pour motif que ma pré- « sence sur le territoire français est de nature à compromettre la tran- « quillité publique. Je n'ai rien fait de plus, Monsieur le Ministre, que « je n'avais fait sans interruption depuis dix ans ; il y a quinze mois que « je ne reçois personne que quelques-uns de mes plus intimes amis. — « Convaincue, par les recherches que j'ai faites en Italie et, de plus, « appuyée par un décret solennel du tribunal de Faenza, lequel, en 1824, « a rectifié mon acte de naissance, qui m'a déclaré née de parents fran- « çais (cet acte est revêtu des sceaux et timbres de l'ambassade de « France à Rome), je m'adressai, en 1830, à M. le Garde des sceaux « pour rendre exécutoire en France le jugement rendu à Faenza en

(1) Il se déclara fils d'un cocher nommé Lacroix, que nous avons vu à Paris, en 1810, dans les dernières années de sa vie, et qui ressemblait beaucoup, en effet, au duc d'Orléans, mort en 1793. Il avait été cocher chez le banquier Duruet. (Michaud, pages 12 et 13).

« ma faveur. Des intrigues puissantes rendirent nos démarches inutiles ; « longtemps je sollicitai une entrevue du roi Charles X, et la révolution « de juillet éclata précisément au moment où le duc de Duras devait « examiner (par ordre) les motifs de ma demande.

« A la fin de 1829, j'avais fait imprimer un mémoire de ma vie sous « le titre de *Maria-Stella, ou échange criminel*, etc. Deux éditions de cet « ouvrage ont été imprimées depuis neuf mois ; elles sont une répétition « textuelle de la première, qui n'a jamais excité la moindre désapproba- « tion de la part de Messieurs du parquet. Ce n'est donc pas à cette « publication que je puis attribuer un ordre d'expulsion qui n'aura pas « non plus la puissance d'effleurer mon honneur, celui de mes enfants, « de ma famille si noble, si puissante, d'un nom sans tache. Ma méthode « de les faire annoncer par le moyen d'un transparent est peut-être « nouvelle pour la librairie ; je voulais seulement une plus grande « publicité à mes mémoires. Les agents de police y étaient et ne l'ont « point empêchée. Mes réclamations sont consignées d'après pièces « justificatives, que je suis prête à produire au tribunal que je sollicite « pour juger et mes actes et mes prétentions. Mais un appel aux tribu- « naux ne serait accueilli que par une déclaration d'incompétence. Je « me dois de m'adresser à vous, Monsieur le Garde des sceaux, gar- « dien de l'honneur judiciaire de ma patrie, pour solliciter le retrait « d'un ordre injuste. Le gouvernement et l'ordre public ont également « droit au respect, c'est à eux que sont confiés la fortune et les titres « privés et, pour avoir réclamé l'un et l'autre, les pièces à la main, je « ne puis avoir commis un crime. Je ne finirai pas sans vous donner « l'assurance, Monsieur le Ministre, que je ne me suis jamais mêlée du « gouvernement, ni de rien qui y ait rapport. Toutes ces choses ne « sont pas de ma compétence et ne me regardent pas. Je le répète, je « crois avoir droit à un titre, à une fortune ; j'ai cherché à le prouver, « voilà toute mon histoire.

« Je suis avec respect, Monsieur le Ministre,

« M. N. STERNBERG,

« née Comtesse DE JOINVILLE.

« Le 19 décembre 1838. »

Lady Newboroug Sternberg, ayant appris que ses amis, en général, avaient en l'idée qu'elle avait été renvoyée de Paris, ou bien que son séjour avait été permis par suite de quelque concession de sa part, croit devoir donner de la publicité à la lettre ci-dessus, qui est restée sans réponse.

Hôtel du Bath, rue de Rivoli, le 11 janvier 1839.

Notre brochure était imprimée déjà lorsqu'une note insérée dans l'*Univers* du 27 juillet, nous apprend que M. le comte de Duranti proteste, au nom de Mgr le prince Adelberth de Bourbon, contre une réunion tenue à Paris par un certain nombre de partisans des Bourbons aînés, et déclare que ce prince, se disant seul représentant de la famille, est, en outre, contre le drapeau blanc et pour les principes de 1789. — Nous répondons en deux mots que la *loi salique* enlève au prince Adelberth de Bourbon toute prétention quelconque, et que la *loi* qui l'a naturalisé Hollandais lui interdit de s'immiscer dans tout ce qui peut concerner le drapeau de la France et les principes du droit public d'un pays auquel il n'appartient plus.

ERRATA

P. 84, dernière ligne, au lieu de : *puisse altérer*, lisez : *puisse en altérer la substance.*

P. 87 (note) ligne 20, au lieu de : 25 *janvier*, lisez : 29 *janvier*.

P. 102, ligne 27, au lieu de : *chance d'encourager*, lisez : *chance d'enrayer*.

P. 106, ligne 15, après les mots : *je vous l'assure*, supprimer le ; le remplacer par ,

P. 106, la note insérée au bas de cette page, doit être transportée à la page 114, après l'alinéa guillemeté.

P. 116, ligne 18, au lieu de : *si compétente*, lisez : *seule compétente*.

P. 119 (note), ligne 1re, au lieu de : *cacher un coin du rideau*, lisez : *soulever un coin du rideau*.

Id. (note), dernière ligne, au lieu de : *pièces authentiques*, lisez : *pièces justificatives*.

Paris. — Imprimerie Mœglin, 21, rue Visconti.

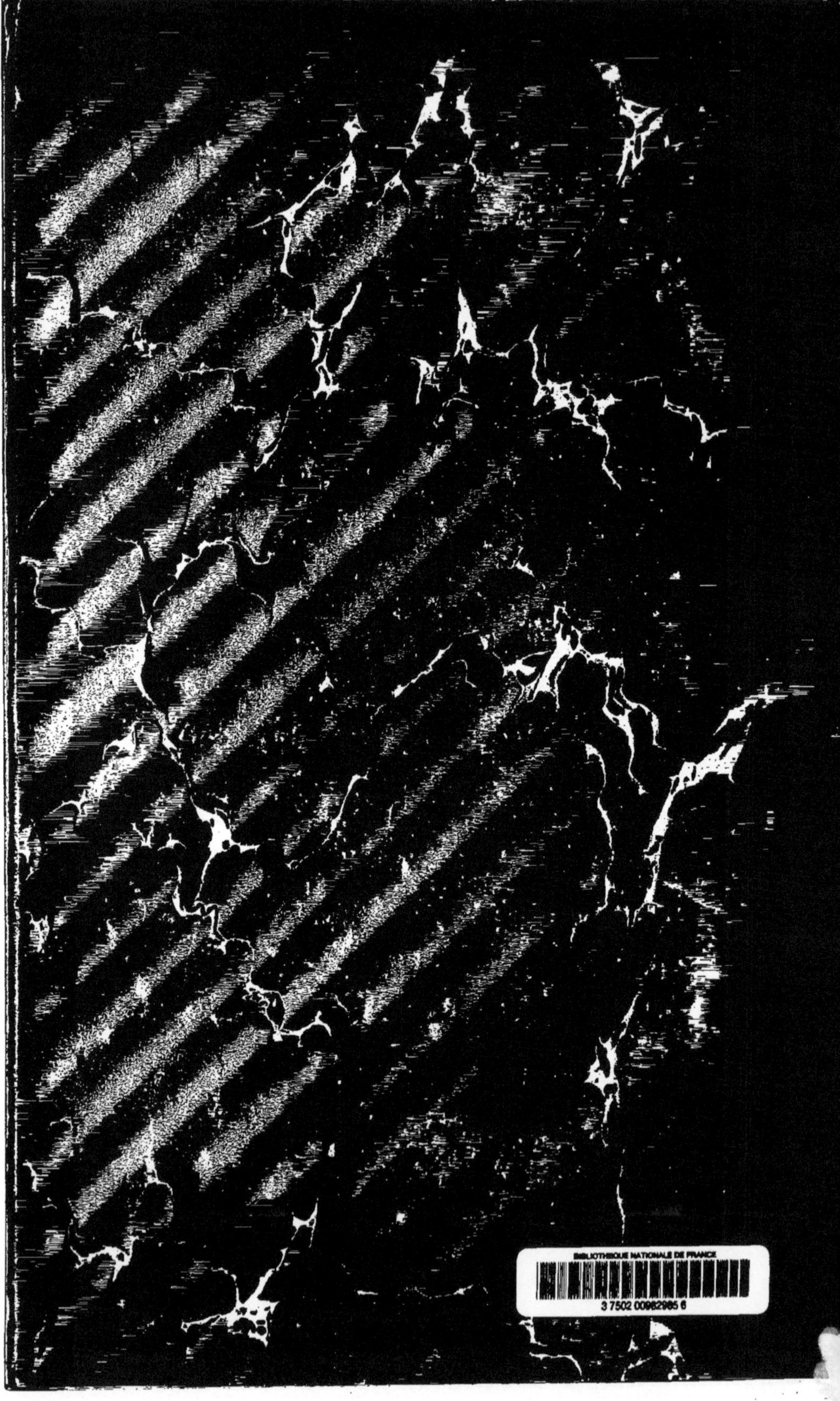
BIBLIOTHEQUE NATIONALE DE FRANCE
3 7502 00982985 6